아이야,
만들어가는 나를
사랑하렴

아이야,
만들어가는 나를 사랑하렴

손자 · 손녀에게 주는 할아버지의 12가지 인생 안내

초 판 1쇄 2025년 11월 10일

지은이 심정인, 슈거 거스, 정재건
펴낸이 류종렬

펴낸곳 미다스북스
본부장 임종익
편집장 이다경, 김가영
디자인 윤가희, 임인영
책임진행 이예나, 김요섭, 안채원, 김은진, 국소리

등록 2001년 3월 21일 제2001-000040호
주소 서울시 마포구 양화로 133 서교타워 711호
전화 02) 322-7802~3
팩스 02) 6007-1845
블로그 http://blog.naver.com/midasbooks
전자주소 midasbooks@hanmail.net
페이스북 https://www.facebook.com/midasbooks425
인스타그램 https://www.instagram.com/midasbooks

ⓒ 심정인, 슈거 거스, 정재건, 미다스북스 2025, *Printed in Korea*.

ISBN 979-11-7355-575-6 03190

값 20,000원

※ 파본은 구입하신 서점에서 교환해드립니다.
※ 이 책에 실린 모든 콘텐츠는 미다스북스가 저작권자와의 계약에 따라 발행한 것이므로 인용하시거나 참고하실 경우 반드시 본사의 허락을 받으셔야 합니다.

미다스북스는 다음세대에게 필요한 지혜와 교양을 생각합니다.

손자 · 손녀에게 주는
할아버지의
12가지 인생 안내

*Twelve Life Lessons from a Grandfather
to His Grandchildren*

아이야,
만들어가는 나를
사랑하렴

심정인 *Shim, Jeong-In*
슈거 거스 *Schuerger, Gus*
정재건 *Chung, Jae-Gun*

LOVE THE SELF
YOU ARE CREATING

미다스북스

책머리에
Preface

　이번에 출간하는 나의 수필집에는 특별한 의미가 있다. 그것은 앞으로 몇 년 후 청소년이 될 나의 손자·손녀를 위하는 마음으로 만들었기 때문이다. 하지만 출간 즈음하여 생각해 보니 오늘을 사는 청소년에게 전하고 싶은 메시지를 만든 느낌이다. 한 할아버지가 청소년기에 자신의 인생을 알아가려는 손자·손녀 같은 사람에게 전하고 싶은 글이 되었다.

　오래전 책 읽고 글 쓰면서 문득문득 나에게 물어본 질문이 몇몇 있었다. 나에게 남아 있는 할머니·할아버지에 대한 기억은 있는가? 나의 할머니·할아버지는 나에 대해 어떤 마음을 가졌을까? 나의 할머니·할아버지는 내가 어떤 인생을 살아주길 바랐을까?

　나에게 친할머니·친할아버지의 기억은 없다. 내가 태어나기 전에 돌아가셨기 때문이다. 외할머니·외할아버지는 뵈어온 기억이 조금 남아 있지만 나는 나에 대한 그분들의 마음을 알지는 못한다. 외할머니·외할아버지가 나의 인생을 위해 해주신 말씀 중에는 더더욱 기억에 남은 것이 없다.

얼마간 생각을 하다가 이런 마음을 지금의 내 손녀·손자에게 비추어 보았다. 그들이 자신의 인생을 살면서 기억하는 할머니·할아버지는 어떤 모습일까? 이런 질문에 조금이나 답해 보려는 욕심으로 지난 몇 년 동안 책을 읽고 글을 써왔다. 그러다 보니 할아버지인 내가 청소년이 된 그들에게 전하고 싶은 마음을 이 책 속에 담아낸 느낌이다.

This essay book holds special meaning for me. I wrote it with my grandchildren in mind, who will become teenagers in a few years. However, as I prepared it for publication, I realized that it also feels like a message I want to share with all young people living today. It has become a collection of reflections from a grandfather to those—like his own grandchildren—who are beginning to explore and understand their lives during adolescence.

While reading books and writing long ago, there were a few questions that I would occasionally ask myself: Do I have any memories of my grandparents that still remain? What kind of feelings did my grandparents have toward me? What kind of life did my grandparents hope I would live?

I have no memories of my paternal grandmother and grandfather, as they passed away before I was born. Of my maternal grandparents, only faint recollections of our encounters remain, offering little insight into the feelings they may have held for me. Nor do I carry any lasting memory of words they might have spoken to guide or bless my life.

After some reflection, I turned these thoughts toward my own granddaughter and grandson. What kind of image of their grandparents will they carry with them as they live their own lives? With a modest hope of answering this question, I have spent the past few years reading books and writing essays. In doing so, I feel that I have captured the heart of a grandfather who wishes to share something with them as they step into adolescence.

나는 일제 강점기, 한국전쟁, 국토 분단을 겪은 대한민국의 평범한 부모에게서 태어난 사람이다. 어려서부터 물질적 가난함을 가까이하며 살아온 나의 삶이 이제는 조금 가벼워진 것을 느낀다. 그러기까지 50년이 넘게 걸렸다. 그렇지만 그 덕분에 내가 새로운 나로 만들어지는 것을 체험하는 기쁨이 있었다.

살면서 나에게 중요한 그리고 가치 있는 것에 대해 마음으로 담아 둔 것을 이번 기회에 글로써 표현하였다. 그것은 음식·운동으로 시작하여 가족·문화 등으로 이어지는 12가지의 주제이다. 그중에서 가장 마음에 새기고 싶은 것은 **'만들어진 나보다 만들어가는 나를 사랑하라'**이다. 또한 자신의 운명을 받아들이고 이를 극복하려 했던 '철학자 니체'와 '음악가 베토벤'

의 삶을 오늘을 사는 청소년에게 전하는 기쁨도 적잖게 있다.

어느 할아버지가 오늘을 사는 청소년에게 전하고 싶은 마음을 이 책 속에 담았다.
그 마음이란 이런 것이다.

'지식'이란 곁에 두고 보는 예술품이 아니라 '자신의 인생을 변화·상승시키는 에너지'로 사용해야 합니다.
할머니·할아버지 인생보다, 엄마·아빠 인생보다, 여러분의 인생이 더 진지하고 따뜻해지길 바랍니다.

글을 쓰는 동안 다른 사람들의 많은 글에서 도움을 받았다. 때로는 그들의 글을 그대로 인용하고 때로는 약간의 수정을 했으며 때로는 의미만을 빌리기도 하였다. 그들의 많은 글로부터 도움을 받은 까닭에 지면상 그 출처를 일일이 밝히지 못하였다. 특별히 철학자 니체와 음악가 베토벤에 관한 많은 문헌을 제공한 여러 작가와 출판사에 감사드린다.

I was born to ordinary parents in South Korea who lived through the Japanese occupation, the Korean War, and the division of the country. Having grown up in close proximity to material poverty, I now feel that my life has become somewhat lighter. It took more than fifty years to reach this point. Yet through that long journey, I have come to know the joy of being shaped into a new version of myself.

In my life, I have expressed through writing the things I hold dear and consider valuable—thoughts I have long carried in my heart. These are twelve themes, starting with food and exercise, extending to family and culture. Of all these, the message I most wish to engrave in my heart is this: *'Love the self you are creating more than the one that was created.'* I also find great joy in sharing the lives of the 'philosopher Nietzsche' and the 'musician Beethoven'—both of whom accepted their fate and strove to overcome it—with the young people of today.

A grandfather has poured his heart into this book, hoping to share his thoughts with the young people of today.

These are the feelings he wishes to convey:

'Knowledge' is not something to be admired like a work of art—it is 'a force, an energy to be used to transform and elevate your life.'

May your life become more sincere and warm than that of your grandparents, more than even that of your parents.

Throughout the writing process, I received valuable inspiration and support from the works of many others. At times, I quoted their words directly; in other instances, I made slight adaptations or drew upon their ideas more generally. Because I have benefited from such a wide range of sources, I am unable to acknowledge each one individually within the space of this book. I am especially grateful to the many authors and publishers whose writings on the philosopher Nietzsche and the musician Beethoven provided invaluable insight.

작은딸의 첫아이 출산을 축하하며.
2025. 10.
댈러스 서재에서
심정인

In celebration of my younger daughter's first childbirth.
October 2025.
From my study in Dallas
Shim, Jeong-In

목차

책머리에 004

1. **음식이 나의 건강함을 빚어낸다**　　　　　　　　　　**013**
   Food shapes the essence of who I am

2. **운동은 건강한 육체와 건강한 정신을 담고**　　　　　**043**
   Exercise builds a healthy body and a healthy mind

3. **교육은 나를 만드는 인생 조각칼**　　　　　　　　　**063**
   Education is the chisel that shapes me

4. **의지는 나를 만드는 보이지 않는 손**　　　　　　　　**095**
   Will is the unseen hand that makes me who I am

5. **행동은 내가 나를 믿게 하는 손길**　　　　　　　　　**121**
   Action is the hand that makes me believe in myself

6. **노동은 세상을 향해 나가는 나의 발길**　　　　　　　**143**
   Labor is the stride through which I step into the world

7. **경쟁은 나를 단단하게 벼려내는 불꽃**   173
   Competition is the flame that forges and refines me

8. **철학은 나와 내 인생을 비추는 등불**   201
   Philosophy is the guiding light that illuminates me
   and the path of my life

9. **문화는 나를 드러내는 내면의 옷**   227
   Culture is the inner layer that reveals who I am

10. **가족은 내 인생 나무의 뿌리**   255
    Family is the deep root that anchors the tree of my life

11. **만들어진 나보다 만들어가는 나를 사랑하라**   281
    Love the self you are creating more than the one that was created

12. **인생은 긍정과 극복의 순환열차**   305
    Life is a circular train of positivity and overcoming

1

음식이 나의 건강함을 빚어낸다

Food shapes the essence of who I am

우주와 지구
The Universe and Earth

맑은 날 도시의 불빛을 떠나 한적한 시골에서 밤하늘을 보면 수많은 별이 빛나고 있다. 매일 아침 동쪽 하늘로부터 떠오르는 빛나는 태양은 그 수많은 별 중의 하나이다. 스스로 빛을 내는 태양의 주위를 돌고 있는 여러 행성 중에 지구가 있다. 지구는 약 45억 년 전 탄생하였고, 이는 태양의 탄생 시점과 비슷하다고 한다.

지구에 존재하는 모든 생명체(생물)는 생존에 필요한 에너지의 많은 부분을 태양으로부터 받고 있다. 또한 지구에는 태양계 행성 중 지금까지 유일하게 액체 상태의 물이 풍부하게 존재하고 있다. 연구에 의하면 우리은하에서만 태양과 유사한 별이 수천억 개, 지구와 유사한 행성이 수십억 개가 있다고 한다.

On a clear day, if you leave the city lights behind and look up at the night sky from a quiet countryside, countless stars shine above. Every morning, the radiant sun rises in the eastern sky—just one among those countless stars. Among the many planets orbiting the sun, which shines with its own light, is Earth. Earth was formed about 4.5 billion years ago, around the same time the sun was born.

All living organisms on Earth receive much of the energy they need to survive from the sun. Additionally, Earth is, so far, the only planet in the solar system known to have an abundance of liquid water. According to research, there are hundreds of billions of stars similar to the sun and billions of planets similar to Earth within the Milky Way galaxy alone.

지구와 자연
Earth and Nature

지구를 구성하는 물질 대부분은 질량비를 기준으로 철(Fe), 산소(O) 등 10가지 화학원소들로 이루어져 있다. 이 원소들이 오랜 기간을 통해 태양에너지 등을 이용하여 결합과 분해를 반복하면서 현재 지구의 자연을 만들었다. 지구의 현재 모습은 고체의 형태인 산과 대지, 액체의 형태인 강과 바다, 기체의 형태인 대기 등으로 이루어져 있다. 또한 지구에는 살아 있는 수많은 생명체가 존재하고 있는데 이는 태양계 행성 중 지구만이 가지는 특징이다.

연구에 의하면 지구상 최초의 생명체는 원시 대기와 물이 만나는 바다 혹은 강에서 출현했을 것으로 추측된다. 지구에 물이 존재하는 이유로는 원시 지구 형성 과정에서 자체 축적의 결과, 얼음을 가진 혜성·소행성 충돌의 결과 그리고 태양에너지에 의한 화학작용의 결과 등이 있으나, 이에 관해서는 여전히 연구 중이다. 지구와 태양 간 적당한 거리, 지구의 자기장과 중력 등 여러 특징으로 인해 지구는 지금껏 물을 풍부하게 가지고 있다. 지구는 수십억 년의 오랜 기간에 걸쳐 현재의 자연환경을 만들었으며 새로운 자연환경 또한 계속 만들어지고 있다.

Most of the materials that make up Earth consist, by mass, of ten elements, including iron (Fe) and oxygen (O). Over a long period of time, these elements have repeatedly combined and broken apart—driven by solar energy and other forces—to shape Earth's natural environment as we know it today. Earth's current form includes solids like mountains and land, liquids like rivers and oceans, and gases like the atmosphere. In addition, Earth is home to countless living organisms—a unique characteristic among all the planets in the solar system.

According to research, the first life forms on Earth are believed to have emerged in oceans or rivers where the primitive atmosphere came into contact with water. The presence of water on Earth is attributed to several hypotheses: *accumulation during Earth's early formation, impacts from comets or asteroids containing ice,* and *chemical reactions driven by solar energy.* However, these theories are still under investigation. Thanks to various factors—such as Earth's optimal distance from the Sun, its magnetic field, and its gravity—our planet has been able to retain abundant water. Over billions of years, Earth has shaped its current natural environment, and new environments continue to form even today.

자연과 생명
Nature and Life

지구가 만들어 낸 자연에는 크게 두 가지 종류의 결과물이 있는데 하나는 **생물**이고 다른 하나는 **무생물**이다. 꽃과 벌레 같은 **생물**은 생명을 가진 물체(생명체)라고 부르며 이는 물과 바위 같은 무생물과는 구별된다. 생명 혹은 생명력이란 생물이 살아서 숨 쉬고 활동할 수 있게 하는 능력을 말한다. 생명을 가진 생물은 대부분 **세포**라고 하는 **생명체를 이루는 가장 작은 조직**을 가지고 있다. 세포를 가진 생물은 세포를 기반으로 하여 생명력을 유지하고 성장·발달하며 또한 번식한다. 세포는 기본적으로 **세포막, 유전 물질, 리보솜**으로 이루어져 있으며 이 세 가지가 모두 있어야 생물로 분류된다.

지구상 대부분 생물은 탄소(C), 수소(H), 산소(O), 질소(N), 인(P), 유황(S)의 6가지 화학원소를 모두 가지고 있다. 이를 **생명체를 이루는 6대 원소**라 하는데, 이들은 모두 지구의 자연환경에서 풍부하게 존재하는 원소들이다. 생명체의 대부분은 자연에 존재하는 물질과 태양에너지를 이용하여 생명 유지에 필요한 영양물질을 만들거나 얻는다. 이러한 영양물질은 대부분 물에 의해 운반되어 생명체를 이루는 세포에 전달된다. 지구의 생명체는 자연환경에서 풍부한 6대 원소들과 물, 태양에너지 등을 기반으로 탄생하여 오늘에 이르고 있다.

Nature created by Earth can be broadly categorized into two types: *living things (organisms)* and *non-living things. Living organisms,* such as *flowers* and *insects*, are called *living things because they possess life,* distinguishing them from *non-living things* like *water* and *rocks. Life* or *vitality* refers to the *ability that allows living things to breathe, move, and perform various functions.* Most living organisms possess *cells,* which are the *smallest structural and functional units of life.* Organisms with cells maintain life functions, grow, develop, and reproduce based on the activity of these cells. Cells are fundamentally composed of a *cell membrane, genetic material,* and *ribosomes*—all three of which must be present for something to be classified as a living organism.

Most living organisms on Earth contain six essential elements: carbon (C), hydrogen (H), oxygen (O), nitrogen (N), phosphorus (P), and sulfur (S). These are known as the *six major elements of life* and are abundantly present in Earth's natural environment. Most living organisms utilize substances found in nature, along with solar energy, to produce or obtain the nutrients necessary for sustaining life. These nutrients are typically transported by water, which delivers them to the cells that make up the organism. Life on Earth originated—and continues to exist—thanks to the abundance of these six elements, water, and solar energy in the natural environment.

생명과 인간(인류)
Life and Human

　연구에 의하면 지구에서 생명이 탄생한 시기는 약 25억 년 전이다. 생명체는 원핵생물에서 진핵생물로, 단세포생물에서 다세포생물로, 세균에서 식물·동물로 진화하였다. 약 5억 년 전인 **캄브리아기** 때 생물의 종류가 폭발적으로 늘어났는데 이들 대부분은 오늘날 생물의 특징과 유사하다. 그 이후 수많은 생물종이 저마다 진화와 적응의 과정을 거치면서 생존하고 번성하였으며 때로는 멸종하기도 했다. '**진화와 자연에의 적응**'은 새로운 생물종의 탄생을 일으키는 중요한 열쇠가 된다.

　동물의 경우 척추동물인 어류가 먼저 나타났고, 뒤를 이어 개구리 같은 양서류가 나타났다. 양서류가 다시 진화한 결과, 파충류·조류가 탄생하였고, 다른 갈래로는 포유류가 탄생하였다. 인간(인류)은 생물 분류상 포유류에 속한다. 지금으로부터 약 600만 년 전 인류와 침팬지의 공통 조상인 유인원이 처음 나타난 것으로 연구되었다. 인류는 유인원에서 시작하여 **고생인류**를 거치면서 **현생인류**로 진화하여 오늘에 이르고 있다.

　오늘날 인류의 직계 조상인 **현생인류**의 분류학상 학명은 **호모 사피엔스**

(Homo sapiens)이다. 현생인류는 약 30만 년 전 아프리카에서 출현하여 아프리카 전역과 유라시아 서부로 확산하였다. 그들은 지구 대륙의 각지로 이주하여 그곳의 자연환경에 적응하면서 서로 다른 종으로 분화하고 또 진화하였다. 그들 중 기후, 식량 등의 변화에 유일하게 살아남은 종이 지금 우리의 인류(**호모 사피엔스**)이다.

According to research, life on Earth is believed to have originated around 2.5 billion years ago. It evolved from simple prokaryotic organisms to more complex eukaryotic ones, from single-celled life forms to multicellular organisms, and eventually from bacteria to plants and animals. Around 500 million years ago, during the *Cambrian period,* there was a rapid and dramatic increase in the diversity of organisms—many of which had features similar to those seen in modern life forms. Since then, countless species have survived and thrived through their own paths of evolution and adaptation, while others have gone extinct. *'Evolution and adaptation to nature'* are essential forces behind the emergence of new species.

In animals, vertebrates first appeared in the form of fish, followed by amphibians such as frogs. Amphibians then evolved into reptiles and birds, while another evolutionary branch gave rise to mammals. In biological taxonomy, humans (humankind) are classified as mammals. Research suggests that about 6 million years ago, the first *hominids*—common ancestors of both humans and chimpanzees—appeared. Human evolution began with these early hominids, progressed through the stage of *Archaic (Early) humans*, and eventually led to the emergence of *Modern humans*, continuing to the present day.

The direct ancestor of modern humans is classified as *Homo sapiens* in taxonomy. Modern humans first appeared about 300,000 years ago in Africa and began spreading across the continent and into western Eurasia. As they migrated to various parts of the Earth, they adapted to diverse natural environments and evolved into different human species. However, only one species—*Homo sapiens*—survived the challenges of climate change, food scarcity, and other environmental pressures. And that species is us, *Homo sapiens*.

인간의 지능
Human Intelligence

개미, 까마귀, 코끼리, 인간 등 살아 움직이는 동물에게는 **지능**이란 것이 있다. 지능이란 일반적으로 지적인 능력을 표현하는 말이지만 명확한 정의가 있는 것은 아니다. 지능을 평가하는 항목으로는 **언어 능력**, **기억 능력**과 함께 **추론 능력** 등이 있다. 언어 능력의 경우, 여러 동물 중에서 단연 인간이 월등히 앞선다. 기억 능력의 경우, '단기 기억력'은 침팬지가 인간보다, '장기 기억력'은 코끼리가 인간보다 뛰어나다. 추론 능력의 경우, 벌의 일종인 **꼬마쌍살벌**(Paper Wasp, Genus Polistes)에 대한 실험을 통해 벌(무척추동물)에게도 추론 능력이 있다고 연구되었다.

인간의 지능을 종합적인 관점에서 평가하면 지구상 모든 동물보다도 단연 우위에 있다. 이것은 생존경쟁의 **먹이사슬**에서 인간이 최상위에 존재하는 이유가 된다. 생물학적으로 인간의 지능을 담당하는 신체 부위는 **뇌**이다.
인간은 뇌 기능의 발달로 인해 인지력, 상상력 등이 혁명적으로 향상되면서 **문명**과 **문화**를 만들었다. 인간의 뇌는 뇌 기능에 직접 연관된 신체(감각신경계, 운동신경계 등)가 함께 발달하며 진화하였다. 이것이 신체적으로는 생존경쟁의 포식자 그룹에서 제외될 만큼 약한 인간을 가장 강한 포식자로 만들어 준 것이다.

Animals such as ants, crows, elephants, and humans all possess what we call *intelligence*. While the term generally refers to cognitive abilities, there is no universally agreed-upon definition. Key aspects used to evaluate intelligence include *language ability, memory, and reasoning skills*. Among these, humans stand out as vastly superior in terms of language ability. When it comes to memory, chimpanzees have been found to surpass humans in 'short-term memory,' while elephants excel in 'long-term memory.' As for reasoning, studies on a species of wasp called the *Paper Wasp (Genus Polistes)* have shown that even invertebrates can demonstrate reasoning abilities, highlighting that intelligence is not exclusive to vertebrates.

When evaluating human intelligence from a comprehensive perspective, humans are undeniably superior to all other animals on Earth. This superiority is why humans occupy the top of the *food chain* in the survival competition among species. Biologically, the *brain* is the part of the human body responsible for intelligence. Through the development of brain functions, humans have dramatically enhanced their cognitive abilities and imagination, leading to the creation of *civilization* and *culture*. The human brain has evolved alongside the body, including systems like the sensory and motor nervous systems, which are directly linked to brain function. This combination allowed humans to overcome their physical weaknesses and, despite being biologically excluded from predator groups in terms of survival, become the most dominant species on the planet.

문명과 문화
Civilization and Culture

문명은 일반적으로 인간이 이룩한 물질적 · 사회적 기반을 말하며 주로 과학 · 기술적인 면을 다루고 있다. **문화**는 그 문명 아래 살아가는 인간의 공통적인 견해 · 풍습 등을 말하며 주로 생활 · 사회적인 면을 다루고 있다. 문명과 문화는 인간의 **집단적 생존**을 가능하게 하고 **정치**에 의해 연결되어 서로 영향을 주고받는다. 문명과 문화는 인간이 생존 · 진화하는 과정에서 학습되고 전승되면서 인간 사회를 동물 사회와 차별시켜 주었다. 인간의 지능 발달이 문명과 문화를 촉진했고 또한 이러한 촉진이 다시금 지능 발달에 도움을 주었다. 인간은 지능을 이용하여 개인적으로는 지식, 지혜 등을 발전시켰고, 사회적으로는 문명, 문화 등을 발전시켰다.

문명과 문화의 발생은 기후, 식량 등 생존 문제에 직면하여 이를 해결하기 위해 인간이 창조적으로 대응한 결과이다. 추위를 견디기 위해 동물 가죽으로 옷을 만들었고, 척박한 지역을 피해 다른 지역으로 이주하였다. 활과 창을 만들어 효과적인 사냥을 하고, 불을 사용하여 음식을 요리했다. 사냥의 시간을 줄이는 대신 목축을 하고, 채집의 시간을 줄이는 대신 농사를 지었다. 인간은 이러한 생존 문제가 해결되는 지역에 주로 정착하여 규모가 큰 문명과 문화를 창조하고 발전시켰다.

 문명과 문화의 시작은 생물학적인 인간 개인, 즉 뇌 기능을 포함한 하나의 신체에서 비롯되었다. 문명과 문화의 발전은 더 큰 규모의 집단 사회를 가능하게 했으며, 그 결과 메소포타미아 등 고대 문명 국가가 탄생했다.

 Civilization generally refers to the material and social foundations created by humans, primarily focusing on scientific and technological advancements. In contrast, *culture* refers to the shared beliefs, customs, and ways of life of people within that civilization, with a greater emphasis on social and lifestyle aspects. Both civilization and culture enable *collective survival* for humans and are interconnected through *politics*, influencing each other in various ways. These two aspects—civilization and culture—have set human society apart from animal societies, as they were learned and passed down through the process of human survival and evolution. The development of human intelligence not only promoted the growth of civilization and culture but also further advanced intelligence itself. By using their intelligence, humans have made advancements in personal domains such as knowledge and wisdom, while also contributing to the societal progress of civilization and culture.

 The emergence of civilization and culture was a creative response by humans to the survival challenges posed by climate, food sources, and other environmental factors. To endure the cold, humans crafted clothes from animal hides and migrated to more hospitable regions to escape harsh environments. They invented tools such as bows and spears for more effective hunting and harnessed fire for cooking food. Rather than simply reducing the time spent hunting, they domesticated animals, and instead of just gathering, they began farming. Humans primarily settled in regions where these survival challenges were mitigated, thus creating and advancing large-scale civilizations and cultures.

The origins of civilization and culture trace back to the biological human individual, particularly the development of brain functions. This evolution paved the way for the emergence of larger-scale societies, which eventually gave rise to ancient civilizations, such as those in Mesopotamia.

생명과 음식
Life and Food

생존 문제의 첫 번째는 바로 식량이다. 식량은 개인의 생명을 유지하는 데 필수적이다. 인간은 기술을 이용하여 자연에서 바로 얻은 각종 거친 식량을 요리하는 방법을 발명하였다. 요리 기술의 첫 번째는 불을 사용하는 것이었다. 연구에 의하면 인류는 약 100만 년 전부터 불을 사용하여 요리하였다고 알려졌다. 불을 이용한 동·식물의 요리 기술 덕분에 인간은 영양소의 흡수 효율을 획기적으로 증가시켰다. 특히 사냥한 동물을 음식으로 섭취함에 따라 뇌의 크기와 기능이 획기적으로 증가하는 방향으로 진화하였다.

요리 기술의 덕분으로 풍미 향상, 소화 용이, 장기간 보관 등이 가능하게 되었다. 또한 음식을 요리하여 함께 먹는 공동체 활동은 문명과 문화의 본격적인 창조·발전의 계기가 되었다. 공동체 활동의 상징인 목축과 농사 활동은 자연의 생존경쟁에서 인간을 최상위에 두는 결과를 만들었다.

The fundamental issue of survival is food, which is essential for maintaining life. Humans invented cooking techniques using technology to process various raw foods directly obtained from nature.

The first cooking method was the use of fire. Research suggests that humans began using fire for cooking about 1 million years ago. Cooking both animal and plant foods with fire significantly increased nutrient absorption efficiency. This, in particular, played a key role in the remarkable growth and development of the brain as humans began consuming hunted animals as food.

Thanks to cooking techniques, humans were able to enhance the flavor of food, ease digestion, and store food for extended periods. Moreover, the communal activity of cooking and sharing meals became a key catalyst in the creation and development of civilization and culture. The shift from hunting and gathering to pastoralism and agriculture elevated humans to the top of the survival competition in nature, ensuring their dominance.

음식과 영양
Food and Nutrition

  인간이 음식을 통하여 얻는 영양소에는 **탄수화물**, **단백질**, **지방(지질)** 그리고 **무기염류** 등이 있다. 물은 영양소는 아니지만 생명체 구조에서 가장 큰 부분을 차지하고 있으며, 체온유지와 영양물질의 운반에 관여한다. 나트륨, 칼슘 등 무기염류는 생명체의 생리작용 조절에 관여하며 주로 물에 녹은 상태로 섭취된다. **탄수화물**은 생명체의 에너지원으로 포도당, 설탕, 녹말 등의 형태로 섭취된다. 생명체에 대한 탄수화물의 관계는 자동차에 대한 연료의 관계와 유사하다.

  단백질은 생명체의 근육, 항체 그리고 물질대사를 조절하는 효소의 주성분을 이룬다. 단백질은 섭취 방법에 따라 동물 단백질과 식물 단백질로 구분한다. **지방(지질)**은 단백질과 함께 세포막의 성분이고 때에 따라서는 에너지원으로 사용되기도 한다. 인간 뇌의 대부분은 물과 지방으로 이루어져있다. 탄수화물 같은 에너지원이 몸속에서 사용되지 않을 때는 지방의 형태로 몸속에 저장된다.

  Human beings obtain essential nutrients from food, including *car-*

bohydrates, proteins, fats (lipids), and *minerals*. While not classified as a nutrient, water constitutes the largest part of the biological structure of living organisms. It is essential for maintaining body temperature and transporting nutrients. Minerals like sodium and calcium help regulate physiological functions and are typically consumed in a dissolved form in water. *Carbohydrates* are the primary energy source for life forms, and they are consumed in forms such as glucose, sugar, and starch. The relationship between carbohydrates and living organisms is similar to the relationship between fuel and an automobile.

Proteins make up muscles, antibodies, and enzymes that regulate metabolism in living organisms. These proteins can be classified based on their source as either animal proteins or plant proteins. *Fats (lipids)*, which are an essential component of the cell membrane alongside proteins, can also serve as an energy source when needed. Most of the human brain is composed of water and fat. When energy sources like carbohydrates are not immediately utilized by the body, they are stored in the form of fat.

질환(질병)과 식생활(식습관)
Disease (Illness) and Diet (Eating Habits)

질환은 심신이 장애를 일으켜 정상적인 기능을 할 수 없는 상태를 말하며 급성질환과 만성질환으로 구분된다. 만성질환에는 암, 뇌졸중, 고혈압 등이 있으며 그 원인으로 선천적인 요인 못지않게 후천적 요인도 상당하다. 후천적 요인으로는 식생활이 크게 영향을 주고 있다. 특히 유아기·유년기의 식생활은 성인이 된 이후의 식생활과 각종 만성질환의 발생에 큰 영향을 준다.

유아기의 식생활은 가족이 제공해 주는 음식에 전적으로 의존하게 된다. 유년기의 식생활은 부모 등 함께 사는 기성세대의 영향을 크게 받으며 성년 이후 식생활의 주된 배경이 된다. 청소년기의 식생활은 상업적으로 제공되는 가공식품의 영향을 자주 받게 된다. 성년 이후의 식생활은 건강에 대한 개인적인 인식과 행동양식에 따라 변화하면서 형성된다. 많은 연구에 의하면 '식생활을 개선하면 많은 만성질환의 발병 위험을 줄일 수 있다.'라고 한다. 또한 많은 의학 전문가는 '건강을 위해 평소에 좋은 식생활을 유지하라.'고 권하고 있다.

식생활이란 평소 어떤 음식을 얼마만큼 그리고 어떤 요리 과정을 거쳐 언제 먹을 것인가에 대한 개인적 패턴이다. 건강한 신체를 만들고 유지하는 것이 바람직한 삶을 위한 모든 과정의 기초가 된다는 것은 매우 자명한 말일 것이다. 건강한 식생활은 신체 기능을 정상적으로 움직이게 하고 특히 학습 등 뇌의 인지 능력을 키우기 위한 첫걸음이 된다. 건강한 식생활은 후천적 요인으로 인한 만성질환을 예방하고 또 이를 치료하는 데 중요한 환경을 만들어 준다.

Diseases refer to a state in which the mind or body is impaired and unable to function normally. They can be classified into acute and chronic diseases. Chronic diseases, such as cancer, stroke, and hypertension, are influenced not only by genetic factors but also by acquired factors. One of the most significant acquired factors is diet. In particular, eating habits during infancy and childhood play a major role in shaping adult eating patterns and in the development of various chronic diseases later in life.

In infancy, a child's diet is entirely dependent on the food provided by the family. During childhood, eating habits are heavily influenced by parents or other older generations within the household, forming the foundation for eating behaviors in adulthood. In adolescence, diet is often shaped by the availability of commercially processed foods. As adults, eating habits evolve based on personal health awareness and individual behavioral patterns. Numerous studies suggest that *'improving one's diet can significantly reduce the risk of developing many chronic diseases.'* Additionally, many medical professionals advise *'maintaining a healthy diet for better overall health.'*

Diet refers to an individual's personal pattern of *what to eat, how much to eat, how it is prepared, and when to eat*. It is widely recognized that building and maintaining a healthy body is the foundation for a fulfilling life. A balanced diet supports normal bodily functions and is especially important as the first step in enhancing cognitive abilities, such as those needed for learning. Furthermore, a healthy diet provides a crucial foundation for the prevention and management of chronic diseases caused by lifestyle-related (acquired) factors.

좋은 식생활 방법
Healthy Eating Habits

　인간의 식생활은 생존과 진화에 관한 전체 과정의 최종 산물 중의 하나다. 연구에 의하면 유인원은 채식 위주의 식생활을 했고, 고생인류는 채식과 함께 육식을 시작했다. 채식 음식은 열량이 낮고 영양소가 적어 상대적으로 많은 양을 섭취해야 한다. 이에 따라 채집을 위한 활동 시간은 길었고 활동 영역은 넓었을 거라 쉽게 추측된다. 고생인류의 후예들은 바닷가에 살면서 각종 해산물도 섭취하였다. 그 뒤 현생인류에게는 사냥한 동물에 대한 육식이 자주 있었고 채식과 육식을 겸하는 잡식성 식생활이 자리 잡았다.

　오늘날 인간은 공통으로 육식과 채식을 함께 하는 잡식 문화를 가지고 있다. 일부 지역에서는 종교적 신념과 같은 이유로 인하여 채식만을 취하기도 하지만 생물학적 이유가 있지는 않다. 따라서 채식과 육식 그리고 해산물을 골고루 섭취하는 것은 생물학적 관점에서 중요한 의미가 있다. 인간은 잡식을 위주로 진화하였으며 잡식을 통하여 육체적·정신적 기능을 지금껏 유지하고 또 변화시키고 있다. 따라서 음식을 가리지 않고 골고루 먹게 되면 우리의 신체 기능을 정상적으로 유지할 수 있다.

Human dietary habits are one of the final outcomes of the long process of survival and evolution. According to research, hominids primarily followed a herbivorous diet, and early humans began incorporating meat alongside plant-based foods. Since plant-based foods are generally low in calories and nutrients, they had to be consumed in relatively large quantities. As a result, early humans likely spent a great deal of time foraging across wide areas. Descendants of early humans who lived near the sea also included a variety of seafood in their diets. Over time, modern humans came to consume more meat from hunted animals, and an omnivorous diet—consisting of both plant-based foods and meat—became firmly established.

Today, humans universally follow an omnivorous diet, combining both meat and plant-based foods. In some regions, people may adopt a vegetarian diet due to religious beliefs, but there is no biological necessity for this choice. Therefore, consuming a balanced diet that includes vegetables, meat, and seafood holds significant biological importance. Humans have evolved as omnivores, and through this diet, they have maintained and continuously adapted both their physical and mental functions. By consuming a variety of foods without unnecessary restrictions, we can support the healthy functioning of our bodies.

음식에 대한 가치 있는 이야기
A Valuable Story about Food

- 『동의보감(한국 전통 의학서)』(허준(1613년))
- 사람의 질병은 모두 '건강한 음식을 먹는 것'을 잘 조절하지 못하는 데서 생기는 것이다.
- 건강한 음식으로 건강한 몸을 잘 관리하는 것이 최선이고, 약물치료는 그다음이다.

- 「의학 논문」(미 워싱턴대 건강 측정 및 평가 연구소(2019년))
- 많은 국가에서 흡연이나 고혈압보다 불량한 음식물 섭취로 인해 더 많은 사망자가 발생한다.
- 나쁜 음식을 많이 먹는 문제보다, 건강한 음식을 조금 먹고 있는 문제가 건강에 더 큰 영향을 준다.

- 「의학 논문」(미 텍사스 A&M 대 국제 연구팀(2023년))
- 건강하게 요리된 지중해식 식단 섭취는 심혈관질환 위험, 스트레스 수치 등을 줄여준다.
- 지중해식 식단은 통곡물, 채소, 과일, 견과류, 생선, 올리브기름 등을 주

식으로 하는 식단이다.
- 지중해식 식단에는 식이섬유가 풍부하고 포화지방이 적으며 특히 붉은 색의 육류나 설탕 섭취는 제한한다.
- 이는 가정에서 건강하게 조리된 경우를 말하며 풍미를 가미한 상업용 식당의 식단과는 차이가 있을 수 있다.

가능한 여러 가지 음식을 골고루 건강한 방법으로 요리하여 먹는 것이 중요하다.

음식이 나의 건강함을 빚어낸다.

- 『Dongui Bogam (Korean Traditional Medicine)』 (Heo, Jun (1613))
- All human diseases stem from improper management of *'healthy food intake.'*
- Managing a healthy body with healthy food is the best approach, and medication treatment comes afterward.

- 「Lancet Medical Journal」 (Institute for Health Metrics and Evaluation, University of Washington (2019))
- In many countries, poor dietary habits cause more deaths than smoking or high blood pressure.
- A lack of healthy food in the diet has a greater negative impact on health than the consumption of unhealthy food.

- 「British Medical Journal」 (International Research Team, Texas A&M University (2023))
- A healthily prepared Mediterranean diet can help reduce the risk of cardiovascular disease and lower stress levels.
- The Mediterranean diet mainly consists of whole grains, vegetables, fruits, nuts, fish, and olive oil.
- It is high in dietary fiber, low in saturated fats, and limits the intake of red meat and added sugars.
- This refers to meals prepared healthily at home, which may differ from the flavored and commercially prepared versions served in restaurants.

It is important to cook and eat a variety of foods in a healthy way.

Food shapes the essence of who I am.

2

운동은 건강한 육체와
건강한 정신을 담고

*Exercise builds a healthy body
and a healthy mind*

인체의 구조
Structure of the Human Body

인체란 인간의 신체를 말하며 주로 물질적 관점에서 바라보는 인간 형태로서 지구상 단 한 종류인 것으로 간주한다. 인체를 이루는 주요 구성 계통으로는 **골격계통, 근육계통, 소화계통, 신경계통** 등이 있다.

골격계통은 각종 뼈로 구성되며 인체 형태를 유지하고 다른 신체 기관들을 보호하며, 몸의 움직임을 만들어 준다. 인체에는 약 206개의 뼈가 있고 이들은 연골, 인대와 함께 서로 연결되어 인체 형태를 유지한다. 척추와 갈비뼈는 중추신경, 폐, 심장 등 주요 기관들을 보호하고 피 생산과 지방 저장에 중요한 역할을 한다. 인간이 태어나면서 직접적으로 경험할 수 있는 골격계통의 역할은 바로 몸의 움직임을 만들어 준다는 것이다. 머리를 가누고 팔·다리를 움직이는 것은 바로 우리 몸에 골격이 있기 때문이다. 뼈는 탄소가 없는 무기질의 칼슘(Ca), 인산(H_3PO_4) 그리고 탄소가 있는 유기질의 콜라겐 등으로 이루어져 있다.

근육계통은 힘을 내고 몸의 균형과 자세를 유지하며, 열을 내어 체온을 유지하고 골격과 함께 움직임을 가능케 한다. 인간과 같은 척추동물은 뇌를 포함한 신경계통이 근육계통을 통제하며 그 결과 몸의 균형과 자세를 유지할 수 있다. 하지만 심장, 폐 등의 근육은 신경계통의 통제 없이 생명이 다할 때까지 자율적으로 계속 움직인다. 인체가 추위를 느끼면 근육이 떨게 되어 열이 발생하고 몸속 체온이 증가하므로 체온을 유지하는 데 도움을 준다.

근육계통이 골격계통과 연합하면 **근골격계**를 형성하여 인체의 움직임을 가능하게 해준다. 뼈 막은 뼈의 몸통을 감싸고 있으며 힘줄 근육과 인대가 뼈 막에 직접 붙어 있다. 인대는 붕대 다발처럼 생겨 주로 뼈와 뼈 사이를 감싸고 연결하는 역할을 한다. 근육이 신경계통의 명령을 받아 수축 혹은 팽창하게 되면 이 근육에 연결된 뼈는 지렛대처럼 움직인다.

소화계통은 섭취한 음식물을 소화하여 에너지와 영양분을 얻고 쓸모없는 부분을 인체 밖으로 내보내는 역할을 한다. 인체가 음식물을 섭취하면 입과 위에서 물리적으로 잘게 부수는 것과 동시에 소화액이 함께 혼합된다. 소화액은 음식물을 화학적으로 더욱 잘게 부수어 인체에 흡수될 수 있도록 도움을 준다. 소화의 핵심은 분해된 음식이 영양분으로 바뀌어 소장을 통과하면서 인체 내로 흡수되는 과정이다. 영양분 흡수 과정을 마치고 남은 찌꺼기와 수분은 인체 내에 축적된 후 대변과 소변의 형태로 몸 밖으로 나간다.

신경계통은 인체를 둘러싼 환경이 주는 자극을 받아들이고 그 자극에 대해 인체가 반응토록 하는 역할을 한다. 신경계통은 크게 중추신경계와 말초신경계로 구분된다. 중추신경계는 인체의 거의 모든 곳의 (말초)신경과 연결되어 있고 그 정점에는 뇌가 있다. 뇌에서는 인체가 얻은 각종 정보를 처리하고 해석하며 또한 명령 신호를 온몸에 전달한다. 말초신경계에는 감각 수용기가 있어 인체의 외부 자극을 받아들여 중추신경계를 통해 뇌로 전달하는 역할을 한다. 감각수용기에는 뉴런(Neuron)이라는 신경세포가 있어 자극을 중추신경계로 보내거나 중추신경계로부터 받은 정보를 인체 기관으로 전달한다.

The *human body* refers to the physical form of a human being and is typically viewed from a material perspective, regarded as the only one of its kind on Earth. The major systems that make up the body include the *skeletal system, muscular system, digestive system, and nervous system,* etc.

The *skeletal system* is composed of various bones, maintaining the body's shape, protecting internal organs, and enabling movement. There are approximately 206 bones in the human body, connected by cartilage and ligaments to maintain its structure. The spine and ribs protect major organs such as the central nervous system, lungs, and heart, and they also play a key role in blood production and fat storage. The most directly experienced function of the skeletal system is enabling movement—lifting the head, and moving arms and legs is possible due to the skeleton. Bones are composed of inorganic materials such as calcium (Ca) and phosphoric acid (H_3PO_4), and organic materials like collagen.

The *muscular system* generates strength, maintains body balance and posture, produces heat to regulate body temperature, and works with the skeleton to allow movement. In vertebrates like humans, the nervous system, including the brain, controls the muscles, enabling posture and balance. However, muscles like the heart and lungs function autonomously without nervous system control until death. When the body feels cold, muscles shiver, producing heat and helping to maintain body temperature.

When combined, the muscular and skeletal systems form the *musculoskeletal system,* which enables movement of the body. The periosteum, a membrane that covers the shafts of bones, serves as an attachment point for tendons and ligaments. Ligaments, which resemble tough bundles, primarily connect bones to one another. When a muscle receives a signal from the nervous system to contract or relax, it pulls on the bone to which it is attached, causing the bone to move like a lever.

The *digestive system* digests ingested food, extracts energy and nutrients, and eliminates waste. Food is physically broken down in the mouth and stomach, while digestive juices help further chemically break down food for absorption. The core of digestion is the absorption of nutrients in the small intestine. After this process, waste and fluids are stored and expelled from the body as feces and urine.

The *nervous system* processes external stimuli and coordinates the body's responses. It is divided into the central nervous system and the peripheral nervous system. The central nervous system, with the brain at its core, connects to almost all peripheral nerves. The brain interprets information and sends commands throughout the body. The peripheral nervous system contains sensory receptors that detect external stimuli and transmit the information to the brain via the central nervous system. These receptors include *neurons*, which carry signals to and from the brain and the rest of the body.

인체의 기관
Organs of the Human Body

특정한 기능을 수행하는 역할 중심으로 인체를 나누어 보면 (두)뇌, 척추, 간, 콩팥, 폐, 심장, 혈액 등이 있다. 인간을 포함해서 머리가 있는 동물의 경우 뇌는 머리에 있으며 생존에 필요한 모든 정보가 일단 뇌로 모인다. 또한 뇌에서 여러 기관으로 활동·조정 명령을 내린다. 특히 지능을 가진 동물의 뇌는 학습을 위한 핵심 기관이다.

척추는 몸통의 뒤쪽에서 몸을 지지하는 기둥과 같은 구조물 형태의 뼈이다. 간은 영양분을 저장하고 단백질과 호르몬을 합성하며, 특히 인체 내에 존재하는 독소에 대한 해독작용을 수행한다. 콩팥은 핏속의 노폐물을 여과하여 물과 함께 오줌으로 배출하고 체내 수분과 체액의 균형을 유지하는 기능을 한다. 특히 콩팥은 무척추동물에서 유래했으며 발생 계통학적으로 진화 과정의 흔적을 모두 보여 주고 있는 기관이다.

폐는 호흡기관으로 공기 중의 산소를 체내 혈액에 공급하고 혈액 속의 이산화탄소를 몸 밖으로 내보내는 기능을 한다. 심장은 혈관 속으로 혈액을 순환시키는 근육 기관으로 생명이 다하는 순간까지 움직임을 멈추지 않는다.

혈액은 몸속을 순환하며 인체 모든 세포에 산소와 영양분 그리고 열을 공급하고 노폐물을 이동시키는 역할을 한다.

When the human body is classified by the specific roles and functions of its parts, it includes the *brain, spinal cord, liver, kidneys, lungs, heart, and blood,* etc. In animals with heads—including humans—the *brain* is located in the head and serves as the central hub where all vital survival information is gathered. The brain then sends out commands to other organs to regulate and coordinate their activities. In particular, in intelligent animals, the brain functions as a key organ for learning.

The *spine* is a column-like structure located at the back of the torso that supports the body. The *liver* stores nutrients, synthesizes proteins and hormones, and most notably, detoxifies harmful substances present in the body. The *kidneys* filter waste products from the blood and excrete them as urine along with water, while also maintaining the body's fluid and electrolyte balance. Notably, the kidneys originated from invertebrates and, from an evolutionary perspective, retain traces of various stages of biological development.

The *lungs*, as respiratory organs, supply oxygen from the air to the bloodstream and remove carbon dioxide from the blood to be exhaled. The *heart* is a muscular organ that circulates blood through the blood vessels, and it never ceases its movement until the end of life. *Blood* circulates throughout the body, delivering oxygen, nutrients, and heat to all cells while transporting waste products for removal.

인체의 성분
Composition of the Human Body

인체를 이루는 물질의 성분을 비율로 보면 평균적으로 다음과 같다. 수분(물) 66.0%, 단백질 16.0%, 지(방)질 13.0%, 무기질 4.0%, 탄수화물 0.6% 그리고 기타 물질 0.4%이다. 성인을 기준으로 할 때, 인체에는 약 45리터의 수분이 있으며 지속적인 수분 공급이 필요하다. 신생아의 경우 수분이 인체의 약 75%로 높으나, 나이가 들어가며 수분 비율이 점점 낮아진다. 이는 근육이 줄고 지방조직이 늘며 신진대사율이 저하되기 때문이다.

단백질은 근육, 피부 등의 중요한 구성 물질이며 임신기, 유아기, 성장기 등의 시기에는 단백질 섭취가 중요하다. 단백질이 부족할 경우 성장 저하, 기관 기능 저하, 면역 기능 저하 등이 발생하여 질병에 노출될 수 있다. 단백질 종류에는 식물 단백질과 동물 단백질이 있으며 소화흡수율은 동물 단백질이 많다. 하지만 동물 단백질 식품에는 인체에 해로울 수 있는 포화지방산과 콜레스테롤이 함께 있어 주의하여야 한다.

지방은 세포막을 이루는 중요한 구성 물질이며, 세포의 성장과 복제에 필요한 성분 또한 주로 지방으로 만들어진다. 지방은 또한 인체의 중요한 에너지 공급원이며, 사용하고 남은 지방은 중성지방의 형태로 인체에 저장된다. 지방은 피부층을 보호하고 열의 발산을 줄여 추위로부터 체온을 유지하는 역할도 한다.

탄수화물은 생명 유지에 필요한 에너지원을 직접 제공하고, 무기질은 뼈와 혈액 등의 구성 요소이다. 탄수화물이 소화과정을 거치면 글루코스로 변하는데, 인체의 세포는 글루코스를 직접적인 에너지원으로 사용한다. 탄수화물은 단당류, 이당류, 다당류의 형태로 자연에 존재하며 인간은 이를 섭취하여 영양분을 얻는다. 인간의 뇌는 단당류의 일종인 포도당을 에너지원으로 사용하고 있다. 다당류의 일종인 식이섬유는 인체 내에서 소화되지는 않지만 장의 움직임을 활발히 해주어 건강에 큰 도움은 준다. 기타 물질로는 비타민 등이 있는데 이는 면역체계와 신진대사를 돕는 데 필요하다.

The composition of substances that make up the human body can be broken down by percentage as follows: *water 66.0%, protein 16.0%, lipids (fats) 13.0%, minerals 4.0%, carbohydrates 0.6%*, and other substances 0.4%. In adults, the body contains approximately 45 liters of *water*, making continuous hydration essential. In newborns, water accounts for about 75% of the body, but this percentage gradually decreases with age. This is due to a decrease in muscle mass, an increase in fat tissue, and a decline in metabolic rate over time.

Proteins are essential building blocks for muscles, skin, and other tissues. During pregnancy, infancy, and periods of growth, adequate protein intake is especially important. A lack of protein can lead to stunted growth, reduced organ function, weakened immunity, and increased vulnerability to disease. There are two main types of protein: plant-based and animal-based. Animal proteins are generally more efficiently digested and absorbed by the body. However, foods rich in animal protein often also contain saturated fats and cholesterol, which may be harmful to health and should be consumed with caution.

Fats are vital components of cell membranes and play a key role in cell growth and replication. They also serve as a major energy source for the body, and any excess fats are stored as triglycerides. Additionally, fats help protect the skin and retain body heat by reducing heat loss, which aids in maintaining body temperature in cold conditions.

Carbohydrates provide a direct source of energy essential for sustaining life, while minerals are key components of bones, blood, and other body structures. When carbohydrates are digested, they are converted into glucose, which is used as a direct energy source by the body's cells. Carbohydrates occur naturally in the forms of monosaccharides, disaccharides, and polysaccharides, and humans obtain nutrients by consuming them. The human brain uses glucose, a type of monosaccharide, as its primary energy source. Although dietary fiber, a type of polysaccharide, is not digested by the human body, it promotes bowel movement and contributes greatly to overall health. Other substances such as vitamins are also essential, as they support the immune system and aid in metabolism.

육체와 정신
Body and Mind

인간의 육체는 지구상에 존재하는 물질들로 구성되어 있다. 이러한 물질들이 수십억 년 전 물리적 · 화학적으로 결합하고 이를 축적하면서 원시 생명체가 탄생하였다. 원시 생명체는 그 후로 지금까지 지구상 수많은 생명체로 진화 · 분화하였고, 그중에 인간 생명체가 있다. 생명체는 외부 자연환경의 정보를 받아 이에 대응하여 생존하려는, 이른바 생명현상을 일으킨다.

인간은 두뇌를 가진 동물 중에서 외부 정보에 대해 생각하고 판단하는 능력이나 작용이 탁월하다. 과학적으로는 인간 자신이 가진 외부 정보에 대해 생각하고 판단하는 능력이나 작용을 **정신**이라 말한다. 정신은 다른 의미로 **마음, 영혼,** 혹은 **사상**이라 말하기도 한다. 인간이 세상을 인식하고 경험하며 또한 의사결정 과정에 관한 모든 내적 활동을 정신이라 말하기도 한다. 이런 정신 혹은 정신활동이 심리적으로 형태화되어 육체와 대별되는 것으로 상징화된 말 중에 영혼이 있다. 고대 문명 사회와 중세 유럽 사회에서는 육체와 영혼은 분리되어 있다고 믿었으며 **영혼 불멸 사상**이 널리 알려졌다. 그러나 심신의학과 정신신경면역학 등 현대의학은 '육체와 정신은 서로 연결되어 분리할 수 없다.'라고 말하고 있다.

인간 개인은 정신적 활동을 통하여 자신의 성격, 태도, 가치관 등을 형성하며 그 결과 자신의 행동양식을 결정한다. 이러한 정신적 활동은 인체의 감각기관이 외부 세계로부터 받은 모든 정보가 뇌에서 처리되는 것과 밀접한 관계가 있다. 또한 인체 감각기관의 정보 획득 능력은 건강한 신체와 건강한 뇌 기능을 유지하는 것과 밀접한 관계가 있다. 따라서 인간이 살면서 건강한 신체 활동을 유지하는 노력의 결과는 건강한 정신 활동에 도움을 줄 것이다.

　　고대 그리스의 철학자 탈레스는 '건강한 육체에 건강한 정신이 깃든다.'라고 말하였다.
　　건강한 육체 활동이 건강한 정신 활동을 위한 든든한 지원자인 것은 과학적으로 증명되어 널리 알려진 사실이다.
　　건강한 육체 활동이란 타고난 신체적 한계를 인정하면서도 이를 극복하려는 일상의 의도적인 육체 활동을 말한다.
　　일상의 의도적 육체 활동이란 바로 육체 운동을 의미한다.

　　일상에서의 지속적이며 건강한 육체 운동은 일상에서의 지속적이며 건강한 정신 활동에 도움을 준다.
　　일상에서의 지속적이며 건강한 정신 활동을 위하여 일상에서의 지속적이며 건강한 육체 운동은 필요하다.

　　운동은 건강한 육체와 건강한 정신을 담고 이를 성장시킨다.

The human body is composed of substances found on Earth. These substances physically and chemically combined billions of years ago, leading to the formation and accumulation of primitive life forms. Since then, these primitive life forms have evolved and diversified into countless life forms on Earth, among which are human beings. Living organisms receive information from their external environment and respond in order to survive—this is what we refer to as the phenomenon of life.

Among animals with brains, humans possess an exceptional ability to think about and make judgments regarding external information. Scientifically, this human ability or function is referred to as the *mind.* The term mind is also used to mean *heart, soul,* or *thought. All internal processes involved in perceiving the world, experiencing it, and making decisions* are also referred to as the mind. This mind or mental activity is often symbolized as something distinct from the body in psychological terms, and is referred to as the soul. In ancient civilizations and medieval European society, the body and soul were believed to be separate, and the belief in the *immortality of the soul* was widespread. However, modern medicine—through fields such as *psychosomatic medicine* and *psychoneuroimmunology*—asserts that '*the body and mind are interconnected and inseparable.*'

Human individuals form their personalities, attitudes, and values through mental activity, which in turn shapes their patterns of behavior. This mental activity is closely linked to how the brain processes information received from the external world through the body's sensory organs. The effectiveness of these sensory organs in gathering information is, in turn, closely tied to maintaining a healthy body and brain function. Therefore, efforts to sustain healthy physical activity throughout life contribute directly to maintaining healthy mental activity.

The ancient Greek philosopher *Thales* once said, '*A healthy mind in a healthy body.*' This idea is now widely accepted and scientifically proven: *healthy physical activity serves as a strong foundation for healthy mental activity. Healthy physical activity* refers to intentional bodily movements in daily life that respect the natural physical limits of the body while striving to overcome them. This form of *intentional physical activity* is specifically referred to as *physical exercise.*

Continuous and healthy physical exercise in daily life supports continuous and healthy mental activity.

To sustain continuous and healthy mental activity in daily life, continuous and healthy physical exercise is essential.

Exercise builds a healthy body and a healthy mind.

3

교육은 나를 만드는 인생 조각칼

Education is the chisel that shapes me

교육: 가르치고 배우는 일
Education: Teaching and Learning

교육이란 인간이 사는 데 필요하거나 도움이 되는 수단, 정보, 문화 등을 주고받는 것을 말한다. 교육은 본래 부모가 자식을 가르치고 기르는 것을 의미하였으나, 지금은 의미하는 바가 확장되었다. 교육은 어린 세대가 살아가는 데 필요하거나 도움이 되는 것을 알려주는 사회적 행동도 포함하고 있다. 사회적 교육 환경이 조성된 경우, 교육에는 가르치는 **교사**와 배우는 **학생**이 존재한다. 교사에는 부모, 선생, 연장자 등이 있고, 학생에는 인생 독립을 준비하는 청소년 같은 미성년자가 있을 수 있다. 요사이 발전한 문화권의 사회에서는 살아가는 동안 계속되는 **평생교육**의 개념이 있기도 하다.

교사와 학생은 때때로 법적 계약을 넘어서는 얼마간의 책임과 의무가 있다. 부모는 자녀를 교육하려는 책임과 의무가 있고, 자식은 부모에게서 독립하기 전에 배워야 하는 책임과 의무가 있다. 독립이란 부모로부터 생활 독립, 경제 독립, 사회 독립 등을 이루는 것을 말한다.

Education refers to the process of exchanging means, information, and culture that are necessary or beneficial for human life.

Originally, education meant the act of parents teaching and raising their children, but its meaning has expanded over time. Education now encompasses social actions that teach younger generations what is necessary or helpful for their lives. In a society with a well-established educational environment, there are *teachers* who teach and *students* who learn. Teachers can include parents, teachers, elders, and others, while students may include minors such as adolescents preparing for independence in life. In modern, developed cultures, the concept of *lifelong education*, which continues throughout life, has also emerged.

Teachers and students sometimes have certain responsibilities and obligations that extend beyond legal contracts. Parents bear the responsibility and duty to educate their children, while children have the responsibility and duty to learn from their parents before becoming independent. Independence refers to achieving personal, financial, and social self-sufficiency from one's parents.

부모: 가르치는 사람

Parents: Teachers

부모는 자녀가 잘 자라서 부모의 뒤를 이어 행복하고 만족스러운 삶을 살아줄 것을 바란다. 이를 위하여 정도는 다르지만, 이 세상 대부분의 부모는 자녀를 양육하는 데 적극적이다. 자녀는 태어나 자기 유전자 속에 담긴 본능적 의식·행동과 함께 부모의 행동양식을 모방하면서 자라난다. 한국의 속담에 '콩 심은 데 콩 나고, 팥 심은 데 팥 난다.'라는 말이 있는데 이를 두고 하는 말이다. '부모로부터 보고 배우는 것이 자녀의 지적·정서적 발달에 영향을 미친다.'라는 것은 많이 알려진 말이다. 그러나 한 부모에서 태어난 형제자매의 각기 다른 삶을 보면 후천적 경험이 더 중요하다 할 것이다.

Parents hope that their children will grow up to lead happy and fulfilling lives, often following in their footsteps. To achieve this, most parents around the world, to varying degrees, actively engage in raising their children. Children are born with instinctive awareness and behaviors encoded in their genes, and as they grow, they imitate their parents' actions. This is reflected in the Korean proverb, *'When you plant green beans, green beans grow; when you plant red beans, red beans grow.'* The saying suggests that children tend to follow their parents' example. It is well-known that *'what children see and learn from their parents has a significant influence on their intellectual and emotional development.'* However, when examining the differing lives of siblings raised by the same parents, it becomes clear that acquired experiences likely have an even greater impact.

자녀: 배우는 사람
Children: Learners

자녀는 배우는 것을 통하여 부모에게서 독립을 준비하고 또 자신의 멋진 인생을 만들어 간다. 멋진 인생이란 건강한 신체와 함께 도전하고, 책임지며, 또 가치 있는 것을 추구하는 인생을 말한다. 교육은 자녀가 부모로부터 받은 자연적·사회적 환경을 경험하고 인식하는 것에서 시작된다. 교육은 자녀가 인식한 자연적·사회적 환경의 제약을 스스로 극복하려는 의지와 노력으로 자라난다. 인간이 스스로 행한 의지와 노력으로 교육의 열매가 맺어감에 따라 또 다른 모양의 교육이 생겨난다. 사람마다 교육은 천 개의 목표와 천 개의 과정을 가지며 그때마다의 긍정과 극복을 가져다줄 수 있다.

Through learning, children prepare for independence from their parents and work toward creating fulfilling lives of their own. A wonderful life is one in which they face challenges, take responsibility, and pursue meaningful goals—all while maintaining a healthy body. Education begins when children encounter and recognize the natural and social environments they inherit from their parents. It evolves as they develop the will and determination to overcome the limitations of those environments. As humans bear the fruits of education through their own will and effort, new forms of education continue to emerge. Each person's educational journey includes thousands of goals and countless processes, bringing with it moments of affirmation and opportunities for overcoming at every stage.

배움
Learning

　배움이란 지구상 많은 생물이 살아가는 데 도움이 되는 정보나 지식을 경험하고 습득하는 행동을 말한다. 대부분 포유류 동물은 독립하기 전까지 부모의 보호 아래 삶에 필요한 정보와 지식을 배우게 된다. 인간은 부모의 보호 아래 배우는 기간이 가장 긴 포유류 동물 중 하나다. 이는 인간이 살아가는 데 필요한 정보와 지식의 양이 탁월하게 많다는 것을 의미한다. 인간에게 배움이란 것이 가치 있는 삶을 추구하기 위한 중요한 과제들 중의 하나가 된 지 오래되었다. 또한 인간은 평생토록 배워야 한다는 **평생교육**이란 말이 교육학에서 생긴 지도 오래되었다. 스스로 배우는 **자습**과 스스로 공부하는 **독학**은 오늘날의 교육 방법 중 가장 효과적이라고 한다.

　Learning refers to the process of experiencing and acquiring information or knowledge that helps living beings survive on Earth. Most mammals learn the skills and knowledge necessary for life under the protection of their parents until they reach independence. Humans are among the mammals with the longest learning period under parental care, which suggests that the amount of information and knowledge required for human survival is exceptionally vast. For humans, learning has long been one of the most essential pursuits in living a meaningful life. Moreover, the concept of *lifelong learning* has become an important part of education, emphasizing that learning must continue throughout a person's life. Today, *self-directed learning* and *independent study* are considered some of the most effective methods of education.

배움의 친구: 성장과 발달
Learning's Companion: Growth and Development

하나의 배움에는 하나의 성장 혹은 발달이 좋은 친구처럼 따라온다. 인간은 배움을 통해 스스로 성장하고 발달하였음을 느끼거나 인식할 수 있다. 인간은 배움을 통해 과거의 신체적·정신적 상태보다 향상된 오늘의 신체적·정신적 상태에 이른다. 또한 내일의 신체적·정신적 향상을 바라며 오늘의 삶을 극복하려는 노력도 배움이라 할 수 있다.

이러한 향상은 가족, 교사 등 타인에 의해 혹은 스스로에 의해 평가되거나 인식될 수 있다. 그러나 신체적·정신적 향상이 물질적 소유의 증가를 의미하는 것이 아니라는 것을 알아야 한다.

자각 능력이 충분히 형성되지 않은 성장기 동안 배움의 효과는 주로 타인의 평가로 이루어진다. 성년기 동안 배움의 효과는 주어진 삶 속에서 문제해결을 통해 그 능력을 평가받음으로써 나타난다. 장년기 그리고/혹은 노년기에는 배움의 효과를 스스로 느낄 수 있는데 이를 두고 **지혜**라 한다. 배움이 현실의 문제를 만나 그 문제의 해결을 도모하게 되면 이를 극복 혹은 **창조**라고 한다. 배움이란 결국 삶 속에서 **성장과 발달**이라는 수레를 움직이는 수레바퀴와 같다.

With each form of learning comes a corresponding form of growth or development, which follows like a faithful companion. Through learning, humans are able to sense and recognize their own growth and progress. Learning guides individuals from a previous physical and mental state to an improved one in the present. Moreover, it involves the continuous effort to overcome current challenges while striving for further physical and mental advancement in the future.

These improvements can be recognized or evaluated by others—such as family members or teachers—or by the individual themselves. However, it is important to understand that *physical and mental growth does not necessarily equate to an increase in material possessions.*

During the developmental stage, when self-awareness is not fully formed, the effects of learning are primarily evaluated by others. In adulthood, learning is assessed through one's ability to solve real-life problems. In middle age and/or old age, individuals themselves begin to recognize the effects of their learning—this is often referred to as *wisdom*. When learning encounters real-world problems and attempts to solve them, it is called *overcoming* or *creating*.

Ultimately, learning is like the wheel that drives the cart of *growth and development* in life.

교육의 역사
History of Education

원시 사회에서는 인간이 씨족·부족 단위의 조직을 갖고 주로 수렵·채집을 통한 자급자족의 생활을 하며 살았다. 원시 사회의 교육은 주로 생물학적 생존에 직접 관련된 정보전달과 훈련에 집중되었을 거라 생각된다. 고대 사회에서는 귀족과 노예의 계급이 생겨나고 목축·농업에 기반한 정착 생활을 하기 시작했다. 고대 사회의 교육은 귀족과 관리자의 양성·유지를 목표로 군사·기술·문화 등의 분야에 중점을 두었다. 고대 유럽 사회의 교육은 그리스·로마의 영향 아래 형성되었으며 인문주의 철학교육의 특징도 있었다. 고대 그리스 시대의 자녀 교육은 주로 부모의 책임하에 사교육의 형태로 이루어졌으나, 고대 로마 시대를 지나며 학교를 중심으로 한 공교육의 형태로도 발전하였다.

중세 유럽 사회는 로마의 공교육 개념 위에 귀족과 성직자의 양성·유지 교육과 더불어 농노 등 일반 시민에 대한 (종교) 교육 등 이원화된 교육 체계를 발전시켰다. 한편, 신학, 법학, 철학을 중심으로 현대적인 대학교육 기관이 생긴 것도 이때부터다. 대표적인 대학으로는 이탈리아 볼로냐 대학(University of Bologna), 프랑스 파리 대학(University of Paris), 영국 옥

스퍼드 대학(University of Oxford) 등이 있다.

근대 유럽 사회에서는 **산업혁명**의 영향으로 일반 시민에 대한 공장형 작업 기술교육이 생겨 보편화되었다. 공교육의 개념이 생겨나고 국가적 초등교육 체계가 정착되었으며 아동에 대한 의무교육이 실시되었다. 상류사회의 자녀 교육을 주로 담당하던 사립학교는 공교육 체제에 편입되기도 하고 독립적으로 운영되기도 하였다. 근대 유럽 사회에서는 산업화와 민주주의의 영향으로 자국민에 대한 국가 차원의 보편 교육이 생겨났다.

20세기를 지나며 서구 유럽과 미국을 중심으로 형성된 **현대 사회**는 1·2차 세계대전, 한국전쟁, 베트남전쟁, (구)소련과의 냉전 등을 거치면서 오늘에 이르고 있다. 현대 사회 체제의 가장 큰 특징은 경제적인 **자본주의**와 사회·정치적인 **자유(민주)주의**라고 말할 수 있다.

자본은 인간이 재화와 서비스를 얻거나 생산하기 위한 자신이 가지고 있는 능력, 즉 돈이다. 자본주의는 사회발전의 원동력 중에서 자본을 가장 중요시하는 것을 이념으로 하고 있다. 경제적인 자본주의는 인간이 자본의 공급자(생산자)이자 자본의 수요자(소비자)라는 믿음에 기반한다. 자본주의는 자본을 키우려는 인간의 이기심과 경쟁심을 건전하게 보장하려는 환경을 선호한다.

자본주의적 교육은 자본의 건전한 생산자·수요자를 위한 보편적인 공교육의 유지·발전을 선호한다. 그렇지만 자본주의적 교육은 새로운 재화와 서비스를 창출하는 혁신가 양성을 위한 교육도 필요로 한다.

In primitive societies, humans lived in self-sufficient communities organized by clans or tribes, primarily relying on hunting and gathering. The education of these societies likely focused on the transmission of information and training directly related to biological survival. In ancient societies, the emergence of aristocracy and slavery gave rise to settled lives based on pastoralism and agriculture. Education in these societies was geared towards the training and maintenance of aristocrats and administrators, focusing on military, technical, and cultural fields. The education system of ancient European societies was shaped under the influence of Greece and Rome, and it featured characteristics of humanistic philosophical education. In ancient Greece, the education of children was mainly the responsibility of parents and often took the form of private tutoring. However, as time passed through the Roman period, education began to develop into a public system centered around schools.

Medieval European society developed a dual educational system, building on the Roman concept of public education. This system included education for the training and maintenance of the nobility and clergy, as well as religious education for common citizens such as serfs. Meanwhile, modern university institutions focused on theology, law, and philosophy began to emerge during this period. Notable universities from this time include the University of Bologna in Italy, the University of Paris in France, and the University of Oxford in the United Kingdom.

In modern European society, the impact of the *Industrial Revolution* led to the widespread establishment of factory-based technical education for ordinary citizens. The concept of public education emerged, with a national elementary education system becoming established, and compulsory education for children was introduced. Private schools, which primarily catered to the education of the upper class, were either incorporated into the public education system or continued to operate independently. In modern European society, the combined influences of industrialization and democratic ideals ultimately led to the establishment of universal, state-supported education for all citizens.

The *modern (contemporary) society* formed primarily in Western Europe and the United States through the 20th century, shaped by events such as World War I, World War II, the Korean War, the Vietnam War, and the Cold War with the former Soviet Union. The most notable characteristics of modern social systems are economic *capitalism* and socio-political *liberalism (democracy)*.

Capital refers to the ability or resource that humans use to obtain or produce goods and services, essentially money. Capitalism is an ideology that considers capital as the most important driving force of social development. Economic capitalism is based on the belief that humans are both the suppliers (producers) and demanders (consumers) of capital. Capitalism favors an environment that supports human selfishness and competition, encouraging the healthy growth of capital.

Capitalist education, therefore, prefers the maintenance and development of universal public education to foster healthy producers and consumers of capital. However, capitalist education also requires education aimed at nurturing innovators who can create new goods and services.

21세기 교육사상
Educational Thought of the 21st Century

현대 사회의 교육 관념은 건전한 자본주의와 건전한 자유(민주)주의를 함께 지향하고 있다. 이를 위하여 대부분의 국가에서 보편적인 공교육 체제를 유지하려는 노력을 기울이고 있다. 또한 자본주의적 경쟁 심화가 초래한 수월성 교육, 이른바 엘리트 교육의 수요가 큰 것도 사실이다. 자본주의와 자유(민주)주의 환경 아래의 현대 사회는 보편성과 수월성을 함께 추구해야 하는 교육 환경의 특징을 가지고 있다.

인간을 위한 교육의 목표와 그 활동은 생존 수단과 사회상의 변화에 따라 다른 모습을 보인다. 원시사회로부터 현대사회에 이르는 동안 전수되어야 한다고 믿는 지식의 양은 급격히 증가하였다. 21세기는 이처럼 증가한 지식의 효율적 교육을 위해 다양하고 깊이 있는 교육 방법이 존재할 수 있다. 그럼에도 불구하고 부모로부터 자녀에게 흐르는 교육의 기본 목표는 원시시대의 것과 크게 다르지 않을 것이다.

교육은 천 개의 목표와 천 개의 과정을 가지고 있다. 교육은 개인, 가족, 사회 그리고 국가의 현실적인 환경에 따라 천 개의 얼굴을 하고 나타난다.

부모와 교사는 시간과 환경의 변화를 이해하고 그에 상응하는 교육 방법을 찾는 것이 중요하다. 자녀와 학생은 시간과 환경의 변화를 이해하고 그에 상응하는 학습 방법을 찾는 것이 중요하다.

진화생물학에서는 '할머니 가설'이란 것이 있다. 조부모가 손자·손녀의 양육(교육)을 일정 부분 돕고, 부모는 자녀의 양육에서 보다 더 자유롭게 된다. 부모는 이를 이용하여 식량 획득 등 가족 전체의 생존 환경을 더 유리하게 만든다는 가설이다. 조부모와 함께 살지 않는 현대의 많은 핵가족은 할머니 가설의 효과를 기대하기 어렵게 하고 있다. 한편으로 현대 국가를 중심으로 증가하는 맞벌이 부부 가족은 실제로 할머니 가설이 필요할지 모른다. 오늘날 어린 세대를 위한 교육사상에는 많은 관점과 이율배반이 존재하고 있다.

The educational concept in modern society aims for both sound capitalism and sound democracy. To achieve this, most countries strive to maintain a universal public education system. Additionally, it is true that there is significant demand for excellence in education, also known as elite education, which has been fueled by the intensification of capitalist competition. Modern society under capitalism and democracy features an educational environment that must pursue both universality and excellence.

The goals of education and the activities associated with it change depending on survival needs and social transformations. From primitive societies to modern ones, the amount of knowledge deemed necessary to pass down has rapidly increased. In the 21st century, various and in-depth educational methods may exist to efficiently teach this expanded body of knowledge. However, despite this increase, the core of education passed from parents to children likely remains similar to that of primitive times.

Education has thousands of goals and thousands of processes. It takes on thousands of faces depending on the individual's, family's, society's, and nation's reality. It is important for parents and teachers to understand the changes in time and environment and find corresponding educational methods. Similarly, children and students must understand the changes in time and environment and find corresponding learning methods.

In evolutionary biology, there is the *'Grandmother Hypothesis,'* which suggests that grandparents help raise (educate) their grandchildren, freeing parents to be more independent in nurturing their children. Parents can then use this advantage to create a more favorable survival environment for the entire family, such as acquiring food. *Modern nuclear families, who do not live with their grandparents, find it difficult to expect the benefits of the Grandmother Hypothesis.* On the other hand, dual-income families in modern nations may indeed need the *Grandmother Hypothesis*. Today, there are many different perspectives and contradictions in the way people think about education for the younger generation.

철학자 니체
Philosopher Nietzsche

철학자 니체는 초등학교 시절 성서의 글귀나 찬송가를 잘 외워서 '어린 도련님'이라는 별칭을 얻었다. 그는 비가 오는 어느 날 방과 후 비에 흠뻑 젖으면서도 유유히 걸어서 집에 왔다. 그의 어머니가 '비에 옷이 많이 젖지 않도록 뛰어서 오지 않았네?'라고 물었다. 그러자 그는 '학교의 규칙에는 학교에서 돌아갈 때는 뛰거나 달리지 말고, 조용히 얌전하게 가라고 쓰여 있어요.'라고 대답했다.

그는 14세(1858년)에 사랑하는 어머니·누이동생과 헤어져 기숙 생활을 하는 포르타 학원에 입학하였다. 포르타 학원은 그 당시 인문주의적 교육으로 유명한 공립학교였다. 그는 보편적 교양과 집단생활의 규율로 자신을 단련하고 또한 가족으로부터 독립하기 위해 떠났다.

그는 20세(1864년)에 독일 라인강 언저리의 본 대학에 입학하여 신학과 철학 학부에서 공부하였다. 그 당시 본 대학에서는 리츨 등 뛰어난 학자가 있었다. 그는 그리스·로마의 고전을 19세기 역사과학의 정신이었던 비판적·실증적 방법으로 비판 해석하였다. 그는 한 학기 후에 신학에 대한 회의를 일으켜 신학을 포기하고 철학 학부에서만 공부하였다.

그는 신학과 철학에 대하여 다음과 같은 학문적 태도를 가졌다.
인간의 길은 둘로 나뉜다. 당신이 마음의 안식과 행복을 얻고자 한다면 종교(기독교)를 믿어라. 그러나 진리의 사도가 되기를 원한다면 탐구하라. 마음의 행복과 진리 사이에는 수많은 중간 입장이 있지만 보다 중요한 것은 이 둘 중 어느 것을 지향하느냐에 있다.

그는 21세(1865년)에 지도교수였던 리츨 교수를 따라 라이프치히 대학으로 옮겼다. 그는 성실한 대학 생활을 하는 가운데 철학자 쇼펜하우어를 알게 되었고, 음악가 바그너와도 알고 지내게 되었다. 그는 하숙집 주인이 운영하던 헌책방에서 쇼펜하우어의 『의지와 표상으로서의 세계』를 발견하였다. 그는 쇼펜하우어의 철학에서 결정적인 영향을 받게 되었다. 그는 쇼펜하우어로부터 자기 내면적 삶의 의지에 성실해지려는 진지한 사고(사변)의 태도를 배웠다. 이것이 철학자 니체가 일생을 두고 추구했던 가장 중요한 사상이 되었다.

스스로 배우고 공부하려는 의지를 담고 있는 교육이 나를 만든다.

Philosopher Nietzsche earned the nickname *'Little Gentleman'* during his elementary school years because he memorized Bible verses and hymns very well. One rainy day, he came home calmly walking after school, even though he was soaked by the rain. When his mother asked, 'Why didn't you run home so your clothes wouldn't get so wet?' he replied: 'It's written in the school rules. When returning from school, don't run or dash—walk quietly and calmly.'

At the age of 14 (in 1858), he left his beloved mother and younger sister to enter the boarding school Schulpforta. Schulpforta was a public school well-known at the time for its humanistic education. He went there to discipline himself through a broad liberal education and the rules of communal living, and also to become independent from his family.

At the age of 20 (in 1864), he enrolled at the University of Bonn, located along the Rhine River in Germany, where he studied in the faculties of theology and philosophy. At that time, the university was home to distinguished scholars such as *A. Ritschl.* He interpreted the classical texts of Greece and Rome using a critical and empirical approach, reflecting the historical-scientific spirit of the 19th century. After one semester, he developed doubts about theology and abandoned it, continuing his studies solely in philosophy.

He held the following academic attitude toward theology and philosophy:
The path of a human being is divided in two. If you seek peace of

mind and happiness, believe in religion (Christianity). But if you wish to become an apostle of truth, then seek and inquire. There are countless intermediate positions between peace of mind and truth, but what matters more is which of the two you choose to pursue.

At the age of 21 (in 1865), he transferred to the University of Leipzig, following his academic advisor, Professor *A. Ritschl*. While leading a diligent university life, he came to know the philosopher *Schopenhauer* and also became acquainted with the musician *Wagner*. He discovered *Schopenhauer's 『The World as Will and Representation』* in a secondhand bookstore run by his boarding house owner. Schopenhauer's philosophy had a decisive influence on him. From Schopenhauer, he learned a serious, speculative attitude toward being faithful to the will of one's inner life. This became the most important idea that philosopher Nietzsche pursued throughout his life.

Education that contains the will to learn and the study on my own makes me who I am.

음악가 베토벤
Musician Beethoven

　음악가 베토벤의 유년 시절은 슬프고 힘들었다. 술주정뱅이 테너 가수였던 아버지는 그에게 강제적으로 음악을 배우게 했다. 그의 아버지는 베토벤의 음악적 재능을 이용하여 돈벌이하였다. 그는 11세(1781년)에 극장 오케스트라 단원이 되었고, 13세(1783년)에 오르가니스트가 되었다.

　그는 19세(1789년)에 본 대학의 청강생으로 등록하여 음악 외의 다른 분야의 학문에도 관심을 키웠다. 그는 22세(1792년) 때 고향을 떠나 오스트리아 빈으로 이주하였다. 그는 당대의 여러 유명한 음악가와 만나고 그들에게서 많은 음악적 배움을 가졌다. 그가 만났거나 가르침을 받았던 음악가들에는 **모차르트, 하이든, 베르거, 살리에르** 등이 있다. 특히 그는 **프랑스 혁명** 후에 많은 프랑스 사람과 교류하면서 자유주의적 사상에 고무되었다.

　그는 부모로부터 자신의 성장에 도움이 되는 어떠한 교육도 받지 못하였다. 그러나 스스로 대학의 청강생이 되어 지식을 얻고 또한 사회적 교류를 통해 자신만의 사회사상과 교양을 함양하였다. 베토벤이 얻은 이런 지식과 교양은 마침내 자신의 인생 방향을 결정하는 데 도움을 주었다.

그가 25세(1795년)에 피아니스트로서 첫 공연을 마치고 친구 베겔러에게 보낸 편지에 이런 글이 있다.

'나의 예술은 가난한 사람들의 행복에 이바지하여야 할 것이다…'

스스로 배우고 공부하려는 의지를 담고 있는 교육이 나를 만든다.

The childhood of the musician Beethoven was sad and difficult. His father, an alcoholic tenor singer, forced him to study music. He exploited Beethoven's musical talent to make money. At the age of 11 (in 1781), Beethoven became a member of a theater orchestra, and by the age of 13 (in 1783), he became an organist.

At the age of 19 (in 1789), he enrolled as an auditor at the University of Bonn and began to develop an interest in fields of study beyond music. At the age of 22 (in 1792), he left his hometown and moved to Vienna, Austria. There, he met many renowned musicians of the time and received valuable musical instruction from them. Among the musicians he encountered or learned from were *Mozart, Haydn, Berger,* and *Salieri*. In particular, he was inspired by liberal ideas through his interactions with many French people after the *French Revolution*.

He did not receive any education from his parents that supported his personal growth. However, he independently enrolled as an auditor at a university, gaining knowledge and developing his own social ideas and sense of refinement through interactions with others. The knowledge and refinement Beethoven acquired in this way ultimately helped him determine the direction of his life.

After his debut performance as a pianist at the age of 25 (in 1795), he wrote the following in a letter to his friend *Wegeler*:
'My art must contribute to the happiness of the poor….'

Education that contains the will to learn and the study on my own makes me who I am.

할비(할아버지) 이야기
Grandfather's Reflections

지난날 내가 쓴 책에는 이런 글이 있다.

'큰딸의 담임선생님은 큰딸이 어떤 이유로 학교생활에 적응을 못 하는지 또 그 해결 방법이 무언지 알고 계셨다…. 교육 환경을 바꿔라. 자녀가 만족하는 교육 환경을 제공해 주어라…. 그 뒤로 십 년이 지난 오늘까지, 큰딸은 미국에서 공부를 계속하였다…. 큰딸은 고등학교, 대학교, 대학원을 졸업하고 법학박사가 되었고, 또한 변호사가 되었다.'

'큰딸은 아빠를 따라서 살아야만 했던 자녀에서 스스로 인생을 개척하는 한 사회인이 되었다…. 정신과 치료를 받으며 울음을 참지 못했던 환자 아닌 환자가 미국 사회에서 한 법조인이 되었다…. 이러한 긴 여정의 첫걸음은 바로 십 년 전에 받았던 담임선생님의 한마디 조언이었다.'

스스로 배우고 공부하려는 의지를 담고 있는 교육이 나를 만든다.

교육은 나를 만드는 인생 조각칼이다.

In a book I wrote some years ago, I included the following passage:

'My older daughter's homeroom teacher understood why she was having trouble adjusting to school life and also knew how to help resolve it…. Change the educational environment. Provide your child with an environment in which they can thrive…. Since then, over the past ten years, my older daughter has continued her studies in the United States…. She graduated from high school, college, and graduate school, earned a Juris Doctor (J.D.), and became a lawyer.'

'My older daughter went from being a child who had to follow the path her father set, to becoming an independent adult who forges a life of her own…. Someone who once couldn't hold back tears during psychiatric treatment — not quite a patient, but certainly wounded — is now a legal professional in American society…. And the first step of that long journey began with a single piece of advice from her homeroom teacher ten years ago.'

Education that contains the will to learn and the study on my own makes me who I am.

Education is the chisel that shapes me.

4

의지는 나를 만드는
보이지 않는 손
Will is the unseen hand that
makes me who I am

◊

의지란 무엇인가?
What is Will?

의지는 인간이 살아가는 동안 **육체적·정신적으로 원하는** 바를 달성하려는 **욕구·목표**를 말한다. 인간이 가질 수 있는 **원하는** 바에는 과거의 상태를 벗어나는 것, 현재의 상태를 유지·통제하는 것, 미래의 상태를 설계·예견하는 것 등이 있을 수 있다. **육체적으로** 원하는 바에는 먹고 마시며 생존하는 것, 자신을 닮은 후손을 낳는 것, 주어진 삶을 충분히 오래 살다가 죽은 것 등이 있을 수 있다. **정신적으로** 원하는 바에는 인간다운 삶을 사는 것, 경제적으로 부유해지는 것, 사회·정치적으로 영향력이 커지는 것 등이 있을 수 있다. 의지가 있는 인간이란 건강한 육체를 통해 생존을 확보하면서 인간답고 가치 있는 삶을 사는 데 필요한 내면의 욕구를 간직하고 있는 인간이라 말할 수 있다.

Will refers to the human *desire or goal—both physical and mental—to achieve what one wants* throughout life. The *wants* that humans may have include escaping past conditions, maintaining or controlling the current state, and designing or anticipating future outcomes. *Physically*, wants may include eating and drinking for survival, producing offspring who resemble oneself, and living a full life span before dying. *Mentally*, wants may include living a life in a humane way, achieving economic prosperity, and gaining social or political influence. A person with will can be described as someone who, while securing survival through a healthy body, holds an inner desire to live a humane and valuable life.

실존이란 무엇인가?
What is Existence?

실존은 자연에서 존재하는 많은 실체 그리고 그 실체 중의 하나로 존재하는 인간 자체를 최우선으로 보고자 하는 의지를 담고 있는 말이다. 여기서 **실체**란 인간이 자연에서 보고 듣고 느끼며 관찰할 수 있는 물체와 에너지이며 변화 또는 반복하는 것이다. 서양 전통 철학에서 실체란 영원불변한 만물의 근원을 의미하고 언제나 있으며 없어지지 않는 것을 말한다. 동양 전통 철학에서는 실체와 유사한 의미로 **이(理)**라 하여 변하지 않는 절대적 법칙 또는 원리를 말하고 있다.

실존주의란 19세기 근대 유럽 사회에서 나타난 철학 사조로서, 인간 개인 모두를 행동하고 느끼며 살아가는 **주체자(Master)**로 여기는 것을 핵심 사상으로 하고 있다. 자신의 삶을 스스로 설계하며 살아가는 주체자가 되는 데 필요한 것이 있다면, 그것은 바로 **의지**일 것이다. 의지가 있는 인간이란 실존적 인간의 다른 표현이라 할 수 있다. 실존적 인간이 보여 주는 삶에 대한 태도에는 자신의 삶을 느끼고 이해하며, 책임 있게 행동하고 용기 있게 도전하며, 가치 있는 삶을 이끌어 가는 것 등이 있다.

실존적 인간이 자신의 과거와 현재의 삶을 깊이 탐구하다 보면, 때로는 현실이란 것이 어두운 밤에 집 밖을 나가서는 수많은 장애물이 즐비한 길을 홀로 그리고 맨발로 걷는 것처럼 보일 때가 있다. 왜냐하면 실존적 인간이 삶에 관해 탐구하다 보면 현실이 주는 장애물(한계)을 느끼기 때문이다. 그런 다음 실존적 인간은 현실을 이해하게 되고 이해한 후에는 이를 극복하려는 의지를 가지게 된다. 실존적 인간이 현실의 삶을 극복하고 자신이 설계한 미래로 가는 길에는 이런 문구가 항상 걸려 있다.

'그대, 꺼지지 않는 '그럼에도 불구하고'의 정신이여…'

Existence is a term that embodies the will to prioritize the various entities existing in nature, with particular emphasis on human beings as one of those entities. Here, an *entity* refers to objects and energies that humans can see, hear, feel, and observe in nature—things that undergo change or recurrence. In Western traditional philosophy, an entity is regarded as the eternal and unchanging origin of all things, something that always exists and never disappears. In Eastern traditional philosophy, a similar concept is expressed as *Li (理)*, meaning an absolute, unchanging law or principle.

Existentialism is a philosophical movement that emerged in 19th-century modern European society, centered on the idea that *each individual human is a subject (Master) who acts, feels, and lives.* The key to becoming a master of one's own life is *will*. A person with will can be described as an existential being. The attitude toward life demonstrated by an existential being includes feeling and understanding one's own life, acting with responsibility and courage, and leading a meaningful and valuable life.

When an existential human deeply explores their past and present life, *reality* can sometimes seem like *walking barefoot and alone down a road full of countless obstacles on a dark night.* This is because, in their exploration of life, the existential human inevitably feels the obstacles (limits) that reality presents. Afterward, the existential human comes to understand reality, and through that understanding, develops the will to overcome it. On the path where the existential human overcomes the realities of life and heads toward the future they have designed, there is always a phrase hanging:

'O spirit of the unwavering 'nevertheless'….'

인간과 의지
Human and Will

한 인간이 살아가는 동안 스스로 의지가 있는 삶을 산다는 것은 생각만큼 쉬운 일이 아니다. 인간은 자신의 과거와 현재의 삶을 깊이 성찰하면서부터 의지의 싹이 생긴다. 인간은 자신에게 주어진 여러 현실적 한계가 극복된 미래를 희망하면서 의지의 뿌리를 내린다. 인간은 자신의 현실적 한계를 극복하고 희망하는 미래의 삶에 가까이 가면서 의지의 열매를 거둔다. 의지의 열매는 자신의 인생을 즐기는 것이며 자신이 속한 공동체에 이바지하는 삶을 선물해 줄 것이다.

인간이 하나의 현실적 한계를 극복하는 순간 희망했던 하나의 미래 삶은 현재가 된다. 내면의 의지가 행동하는 힘을 만나 현실의 한계를 극복하면서 희망하는 미래 삶을 현재로 만든다. 인간이 또 다른 현실적 한계를 인식하면, 새로운 의지가 생기고 또한 새로운 극복이 만들어질 수 있다. 인간이 삶을 마치는 날까지 성찰과 의지 그리고 희망과 극복을 쉼 없이 반복한다면 '고귀'하다고 할 수 있다.

Living a life with willpower is not as easy as one might think. The seed of will begins to sprout when a person deeply reflects on their past and present life. As they envision a future where the limitations of their reality are overcome, the roots of will take hold. Humans harvest the fruits of will as they overcome real-world barriers and move closer to the lives they aspire towards. The fruits of will include the ability to enjoy one's own life and to live a life that contributes to the community around them.

When a human overcomes a real-world limitation, the once-hoped-for future becomes the present. As inner will meets the power of action, the barriers of reality are overcome, and a desired future transforms into the present. When a human recognizes yet another real-world limitation, a new will is born, and a new act of overcoming begins. *If a person continues to reflect, to will, to hope, and to overcome—without ceasing until life's end—such a life can be called 'noble.'*

철학자 니체
Philosopher Nietzsche

철학자 니체는 19세기 후반에 활약한 독일의 사상가이다. 그는 당시 유럽 사회의 절망적인 갈등을 고찰·비판하고서는 자기 극복을 통한 총체적 해결을 역설하였다. 그가 느낀 유럽 사회의 모습은 다음과 같다. **산업혁명**을 성공적으로 이끈 시민(자본가) 계급은 실증된 사실만을 가치 있게 여기는 **실증주의**를 신봉하였다. 자본의 지배와 착취를 경험한 노동자 계급은 체제 변혁과 혁명을 꿈꾸는 **공산주의**를 부르짖었다. 그리고 이들 어느 편에도 들 수 없었던 지식인들에게는 **허무주의(니힐리즘)**가 자리하게 되었다.

니체는 자신이 원하는 삶이란 자신이 처한 (암울한) 상황에서 벗어나 살아가는 것이라 말한다. 그는 철학적 진리를 위해 삶이 구속되는 것이 아니라, 삶을 위해 그 진리가 결정된다고 믿었다. 삶이 높아지고, 그 중심이 바뀜에 따라 표현되는 철학적 진리도 무한하게 그 양상을 바꿔 나간다. 이렇게 생성, 발전하는 그 진리를 삶과 일체가 된 형태로 파악하려 한 것이 **니체의 철학 정신**이었다.

니체는 자신의 평생에 걸친 투병 경험을 통하여 삶의 쇠퇴가 초래하는 부정적 심리를 이해하였다. 그는 삶의 쇠퇴가 초래하는 퇴폐적(데카당) 심리와 삶을 부정하는 허무주의적 윤리를 끄집어내었다. 그런 다음 그것의 초월을 겨냥한 독창적인 사상을 세워 나갔다. 그는 모든 철학적 진리라는 것은 삶과의 연관성에 따라 규정되어야 한다고 말하였다. 그리하여 그는 모든 철학적 가치를 삶에 이바지하는 정도에 따라 평가하는 삶의 철학을 내걸었다.

그는 말한다. '나에게는 '나의 의지'란 것이 있다. 그것은 그 어느 것으로부터도 상처받지 않고, 파묻어 버릴 수도 없으며, 바위라도 뚫고 나오는 것이다. 나는 살아 있는 생명을 발견한 곳 어디서나 그리고 언제나 힘에의 의지를 발견한다. 자기 파괴적인 힘에 굴복하지 않고 맞서는 자, '부정(No)'에서 분명한 '긍정(Yes)'으로 대항하는 자는 힘에의 의지를 지니고 있다. 이러한 자는 자신의 생존을 유지할 뿐 아니라 부정(No)의 힘 또한 이겨내려고 할 것이다…'라고.

Philosopher Nietzsche was a German thinker active in the late 19th century. He observed and criticized the desperate conflicts of European society at the time, and he advocated for a comprehensive resolution by means of self-overcoming. He perceived European society as follows: The bourgeoisie, who had successfully led the *Industrial Revolution*, embraced *positivism*, valuing only proven facts. The working class, having suffered domination and exploitation under capitalism, cried out for *communism*, dreaming of systemic change and revolution. Meanwhile, for the intellectuals, who could side with neither group, *nihilism* took root.

Nietzsche said that the life he desired was one in which he could break free from the (gloomy) circumstances he faced and continue to live. He believed that life should not be constrained by philosophical truth; instead, truth should be defined by life. As life is elevated and its focus shifts, the expression of philosophical truth constantly transforms. *Nietzsche's philosophical spirit* sought to grasp this evolving truth in a form unified with life itself.

Through his lifelong experience of illness, Nietzsche came to understand the negative psychology stemming from life's decline. He identified the decadent psychology and nihilistic ethics that arose from life's deterioration. He then began to construct an original philosophy aimed at transcending these conditions. He argued that all philosophical truths should be defined in relation to life. Thus, he proposed a *philosophy of life* that evaluates all philosophical values by how much they contribute to life.

He says, '*I possess 'my will'. It is something that cannot be wounded by anything, cannot be buried, and can even break through solid rock. Wherever and whenever I discover living life, I also discover the will to power. Those who do not succumb to self-destructive forces but instead confront them — those who counter a 'No' with a clear 'Yes' — possess the will to power. Such individuals not only sustain their own existence but also strive to overcome the forces of negation⋯.'*

음악가 베토벤
Musician Beethoven

음악가 베토벤은 1770년 한 가난한 집안에서 태어났다. 그의 아버지는 술 주정뱅이 테너 가수였으며 베토벤의 음악적 재능을 이용하여 돈벌이하였다. 그는 아버지에 의해 강제적으로 음악을 배웠고 13세의 나이에 극장의 오르가니스트가 되었다. 그의 어머니는 그가 17세가 되던 해에 폐병으로 세상을 떠났다. 그는 말했다. '죽음을 모르는 사람은 가엾어라! 나는 15세 때 벌써 그것을 알고 있었다.'라고.

프랑스 문학가 로맹 롤랑은 그의 저서 『베토벤의 생애』에서 이렇게 말하고 있다.
'베토벤, 그는 인생에 있어 수난의 역사가 있는 사람이자 비극적 운명을 타고난 사람이다. 그는 사는 동안 말할 수 없는 고난과 굴욕을 견뎌야 했던 사람이자 시련의 빵을 먹어 본 사람이다. 하지만 그는 불행을 통해 단련된 의지력으로 위대해진 사람이다…'라고.

베토벤은 평소 수첩을 가지고 다니며 떠오르는 생각이나 악상을 메모하는 습관을 지니고 있었다. 그의 수첩에는 이런 글이 적혀 있다.

'나의 몸은 아무리 약할지라도 나의 정신은 꼭 이기고 말리라…'
'스물다섯 살! 나도 이제는 스물다섯이다…. 인간으로서 전 역량을 드러내야 할 나이가 된 것이다….'
그는 자신의 타고난 재능을 자각하고 있었으며 자신의 힘을 믿고 있었다.

그의 수첩에는 또 이런 글이 적혀 있다.
'해야 할 일들을 하라…. 그러나 하고 싶은 일에 대한 의지를 간직하라…. 하고 싶은 일을 할 때가 있다…. 하고 싶은 일에서 생의 가치를 가져라….'

Musician Beethoven was born in 1770 into a poor family. His father, an alcoholic tenor, exploited Beethoven's musical talent to make money. He was forced by his father to learn music and became the organist at a theater at the age of 13. His mother passed away from tuberculosis when he was 17. He once said, *'Those who do not know death are pitiful! I knew it when I was only fifteen.'*

The French writer *Romain Rolland* says in his book 『*The Life of Beethoven*』:

'Beethoven was a person with a history of suffering and tragedy. He endured unspeakable hardships and humiliations throughout his life, experiencing many trials. However, he became great through a willpower that was forged by misfortune….'

Beethoven had a habit of carrying a notebook with him, where he would write down thoughts or musical ideas that came to mind. In his notebook, the following words were written:

'*No matter how weak my body may be, my spirit will surely prevail….*'

'*Twenty-five years old! I am now twenty-five…. It is the age when I must show my full potential as a human being….*'

He was aware of his innate talent and believed in his own strength.

His notebook also contained the following words:

'*Do what must be done…. But keep the will to do what you want…. There will be times when you should do what you want…. Find the value of life in what you want to do….*'

할비(할아버지) 이야기
Grandfather's Reflections

나는 도시의 소시민이며 가난했던 집안의 막내로 태어났다. 어려서는 맛난 음식과 좋은 옷이 무언지 잘 몰랐으며 중학교를 가서야 물질적 가난함을 알게 되었다. 나는 고등학교에 다니고서야 **의지**라는 말이 의미하는 바를 책을 통해 알게 된 것 같다. 하지만 그때에도 의지라는 말에는 **무언가를 내 마음대로 하고 싶은 의지**가 여전히 있다고 믿었다.

대학 진학을 앞두고서 나는 물질적 가난함이 내 인생의 방향을 바꿀 수 있다는 것을 처음 알게 되었다. 또한 나의 인생이라고 해서 내 맘대로 살 수 있는 것이 아닐 수도 있다는 것도 알게 되었다.

대학을 졸업하고 시작한 첫 직장 생활에서 나는 경제적 목적을 충분히 달성할 수 있었다. 읽고 싶은 책을 언제든 살 수 있었고 저축도 할 수 있었으며 부모님께 생활비도 지원할 수 있었다. 하지만 시간이 지나면서 나는 스스로에게 가치 있는 삶에 관한 질문을 하기 시작했다. 나는 경제적 여유를 가지면서도 의미 있는 삶을 살 수 있는 방법에 대해 마음을 열기 시작하였다. 내가 찾은 여러 방법을 두고 나는 얼마 동안 생각한 후 그중 하나를 선택하여 나의 **의지**로 내세웠다.

그리하여 출근해서는 직장 생활을 하고, 퇴근 후에는 의미 있는 나의 미래 삶을 위해 의지 있는 노력을 하였다. 그러는 사이에 나는 지금의 아내를 만나 결혼하였고, 큰딸이 태어났다. 나이 30을 앞두고 나는 직장동료들의 축하를 받으며 해외 유학길에 올라 새로운 삶을 만나게 되었다. 내면으로부터 오는 인생에 관한 질문에 귀 기울이던 내 20대의 인생 이야기.

나의 30대 인생에 새겨진 의지란 것에는 이런 이야기도 있다. 당시 한국 직장 문화는 엄격하였고, 경쟁적인 직장 생활은 사람들의 일상에서 가장 중요한 내용이 되었다. 거의 모든 사람이 굉장한 경쟁 사회의 구성원이 되어 하루하루를 보내야 하던 시절이었다. 직장에서의 인정과 승진이란 것이 많은 이에게 삶의 궁극적 기쁨을 가져다줄 거라 이해되던 시절이었다. 나는 몇몇 업무에서 성과를 내었지만, 그들로부터 인정과 승진을 위한 평가를 크게 받지는 못하였다. 지금 생각해 보면 당시 직장 생활 문화에 적응하지 못했던 나의 개인적 기질 영향도 있었을 것이다. 나는 이를 현실의 한계로 받아들이고 이를 이겨내기 위한 새로운 의지를 세웠다.

그리하여 출근해서는 직장 생활을 하고, 퇴근 후에는 나의 미래를 위해 또 하나의 의지 있는 노력을 하였다. 얼마간 시간이 흐른 후 30대 후반이 되어 나는 다시금 유학길에 올랐다. 나의 30대를 관통하는 의지란 것에는 이런 인생 이야기가 담겨 있다. 현재의 삶 속에서 외부 환경이 주는 한계 상황을 체험하면서 이를 극복하려 했던 이야기.

30대 후반에 시작한 미국 유학은 나이 40을 넘기고서야 종료되었다. 유학을 마치고 한국에 돌아온 나는 연구소 연구원을 거쳐 대학의 교수직을 맡게 되었다. 나는 타인과의 경쟁보다는 자신과의 경쟁이 더 중요한 새로운 환경을 맞이한 것을 느끼기 시작했다. 지난 시절 타인과 경쟁했던 상황을 극복하고 맞이했던 새로운 생활은 나에게 많은 교훈을 주었다. 대학에서 강의, 학술논문, 연구과제 등에서 많은 성과를 낸 것은 나에게 언제나 멋진 추억을 만들어준다. 한계상황을 극복하면서 희망했던 미래가 현실이 되고 또 그 현실 속에서 멋진 시절을 보낸 이야기.

나이 50을 바라보고 있던 나에게 또 하나 극복해야 할 새로운 일이 발생하였다. 바로 가족에 관한 문제였다. 고등학교에 입학한 작은딸이 한국 교육 환경에 적응하지 못하고 급기야 자포자기한 것이다. 지난 시절 나는 이렇게 생각했다. '내가 열심히 살면 자녀는 저절로 나처럼 열심히 살게 될 것이다.'라고. 작은딸의 학업 문제에 관해 아내와 고민을 한 끝에 다 같이 미국행을 결정하였다. 다니던 대학에 사표를 쓰고 살던 집을 팔았으며 살림살이 가재도구는 친척과 지인에게 나누어 주었다.

젊어 치열하게 살면서 나는 늘 가족을 위하여 그리 산다고 생각하고 또 믿고 있었다. 그러나 작은딸이 맞이한 현실 앞에서 나는 자신에게 그러한 생각과 믿음에 대해 다시금 질문하게 되었다. 가족에 대해 질문하고 답하고 또 질문하고 답하던 그때의 종착지는 '다 같이 미국행'이었다. '다 같이 미국행'을 결정하고 여러 미국 대학교에 일자리를 알아보던 중 한 곳의 연구원 자리를 얻게 되었다. 이 모든 삶의 환경 변화가 우리 가족에게 어떤 결과를 가져다줄지 모른 채 다시 미국행에 올랐다.

생각해 보면 내가 열심히 살아가는 이유에는 '가족을 위하여'라는 것이 중요하게 다가온 때가 그때였다. 나이 50대를 보내면서 나의 의지란 것에는 이런 인생 이야기가 담겨 있다:

'가족에 대한 책임'이란 의미를 나름대로 실천하려 했던 용기가 있었던 인생 이야기.

나는 지금 나이 60을 넘기면서 미국에서 평범한 직장 생활을 하며 아내와 함께 살고 있다. 나는 도시 근교의 작은 집에서 아내와 함께 살고 있으며, 집 주위에는 작은 숲과 개천이 있다. 큰딸과 작은딸은 모두 결혼하여 우리 집과 가까운 곳에서 살고 있다. 큰딸에게는 딸(손녀)·아들(손자)이 있어서 자주 우리 집에 놀러 온다. 특별한 일이 없으면 매주 월요일에 있는 가족 식사에는 모두 참석하여 즐겁게 지낸다. 손녀·손자까지 모두 합해 8명인데 앞으로 더 늘어날 예정이다.

나이 60을 넘기면서 가질 수 있는 나의 의지란 것에는 특별함이 없는 것 같다. 현실에 직면하여 극복해야 할 무언가를 찾고 또 이를 극복할 용기를 이제는 가지지 못하는 것 같다. 어떤 이는 아직 할 일 혹은 하고 싶은 일이 많다고 하고, 어떤 이는 더 이상 새로운 일이란 없다고도 할 것이다. 지금 나에게는 의지라는 거창한 말보다는 그저 하고 싶은 작은 일들이 가끔 생각난다. 지금 나에게는 의지라는 거창한 말보다는 그저 지인들이 원하는 것들을 해주고 싶은 마음이 가끔 떠오른다.

아마도 나의 다음 세대 사람들은 나보다 더 오랫동안 '의지 있는 인생'을 만들어 가며 살 것이다.

그들의 인생길에도 다음과 같은 글이 함께 하면 좋겠다.

나는 나의 인생을 고귀하게 만들어 가며 살 것이다.

의지는 나를 만드는 보이지 않는 손이다.

I was born as the youngest child from a poor family in a small-town. As a child, I didn't really know what good food and nice clothes were, and it wasn't until I entered middle school that I became aware of material poverty. It wasn't until I was in high school that I learned the meaning of the word *will* through books. However, even then, I believed that the word *will* still carried the meaning of *the desire to do something as I please.* As I was about to enter college, I first realized that material poverty could change the direction of my life. I also came to understand that my life might not be something I could live as I pleased.

After graduating from college, I was able to achieve my financial goals during my first job. I could buy books I wanted to read at any time, save money, and also support my parents with living expenses. However, as time went by, I began to question what constituted a meaningful life. While having financial freedom, I started to open my mind to the idea of living a life with meaning. After reflecting on various ways to achieve this, I chose one and made it *my will*.

Thus, I worked at my job during the day, and after work, I put in determined efforts towards building a meaningful life.

In the meantime, I met my wife, got married, and had a daughter. Just before turning 30, I received a congratulatory send-off from my colleagues and set off on a study abroad, where I encountered a new life. *The story of my 20s, when I listened carefully to the questions about life coming from within.*

There is also a story engraved in my 30s about the will that shaped my life. At that time, the work culture in Korea was strict, and the competitive nature of work became the most important aspect of people's daily lives. Almost everyone had to spend their days as members of a highly competitive society. Recognition and promotion at work were seen as the ultimate sources of joy in life by many people. I achieved some success in certain tasks, but I didn't receive significant evaluations for recognition or promotion from them. Looking back now, my personal temperament, which wasn't fully adapted to the work culture at the time, may have influenced this. I accepted this as a limitation of reality and set a new will to overcome it.

So, I would go to work during the day and, after work, put in additional effort with determination for my future. After some time, in my late 30s, I embarked on a study abroad journey once again. The will that ran through my 30s is encapsulated in this life story. It is *the story of attempting to overcome the limitations presented by external circumstances in my life at the time.*

My study abroad in the United States, which began in my late 30s, did not conclude until I was over 40. After completing my studies and returning to Korea, I worked as a research fellow at a research institute before taking a position as a university professor. Unlike my previous job, where competition with others was necessary, I realized that in the fields of education and research, competition with myself was more essential. Overcoming the situation of competing with others in the past and embracing a new life taught me many valuable lessons. The achievements I made in teaching, academic papers, and research projects at the university have always created wonderful memories for me. This is *the story of overcoming limiting situations, realizing the future I had hoped for, and spending wonderful times in that reality.*

As I was approaching my 50s, another new challenge arose that I had to overcome. It was a family-related issue. My younger daughter, who had entered high school, struggled to adapt to the Korean educational environment and eventually became disheartened. In the past, I used to think, *'If I live diligently, my children will naturally follow suit and live diligently, just like me.'* After discussing my younger daughter's academic struggles with my wife, we decided to *move to the United States together.* I resigned from my position at the university, sold our house, and gave away our household items to relatives and friends.

While living fiercely in my youth, I always thought and believed that I was living for my family. However, when confronted with the reality that my younger daughter faced, I began to question those thoughts and beliefs. The final destination of my dilemma regarding family was the decision to *'move to the United States together.'* After deciding to *'move to the United States'*, I began looking for job opportunities at various American universities, and I secured a research position at one of them. We left for the United States again, uncertain of what results this change in our life environment would bring to our family.

Looking back, the reason I lived so diligently was because of the importance I placed on *'for my family'*, a belief that became especially significant at that time. Now, as I live through my 50s, the will

I had reflects this life story: *A story of life where I found the courage to put into practice the meaning of 'responsibility for my family.'*

Now, as I am over 60, I live a simple work life in the United States with my wife. We reside in a small house on the outskirts of the city, surrounded by a small forest and a creek. Both of my daughters are married and live nearby. My older daughter has a daughter (granddaughter) and a son (grandson), and they often visit us at home. Unless there is something special, everyone attends our family dinner every Monday, where we enjoy a pleasant time together. With my granddaughter and grandson included, we are now a family of eight, and the number will continue to grow in the future.

As I surpass the age of 60, the will I possess seems to lack the same significance it once had. I no longer seem to have the courage to find something in reality that needs to be overcome, or to face it. Some may say they still have many things to do or want to do, while others may say there are no more new things to pursue. For me now, the grand notion of will is replaced by occasional thoughts of small things I wish to do. Rather than that grand idea of will, what occasionally comes to mind is the desire to do things for the people I know.

Perhaps the next generation will live longer lives of '*a life with will*' than I did.

It would be wonderful if the following words accompany their journey as well:

I will live my life in a way that makes it noble.

Will is the unseen hand that makes me who I am.

5

행동은 내가 나를
믿게 하는 손길

Action is the hand that makes me
believe in myself

◇

행동이란 무엇인가?
What Is Behavior?

　행동은 인간을 포함한 동물, 혹은 기계와 같은 무생물의 활동과 반응을 가리키는 말이다. 인간 **행동**은 개인이나 집단이 내부 및 외부의 자극에 반응하여 잠재되거나 표현되는 것을 말한다. 인간 행동의 성격을 보다 깊고 좁게 살펴보면 **의도나 목적을 가지는 인간의 행동**이라 볼 수 있다. 나는 이 글에서 **의도나 목적을 가지는 인간 행동**에 관하여 이야기한다는 것을 특별히 밝히고자 한다.

　인간의 행동은 성격, 기질 그리고 유전에 따라 일차적으로 특정될 수 있다. 하지만 2차적인 특징도 있는데 이는 살면서 겪는 생활 환경 혹은 부모의 영향을 받아 형성된다. 일반적으로 개인적 인간 행동은 삶의 시기에 따라 그 형태를 달리하며 나타난다. 유아기, 청소년기, 성년기 그리고 노년기 등 삶의 시기에 따라 개인행동 양상은 다르게 보일 수 있다.

　인간의 행동은 생각, 감정, 성격 등 심리적 특성에 의해 발현된다. 심리는 행동을 유발하고, 그 행동의 결과는 다시금 새로운 심리를 만들어 새로운 행동을 일으킨다. 심리와 행동은 순환·반복하며 인간의 시간적·공간적 현재 삶을 만들어 간다. 행동은 항상 인간의 현재 삶을 나타내고 있으며, 현재의 삶은 언제나 행동으로 평가받게 된다. 오늘 내가 행하는 행동은 오늘 내가 가진 내 심리의 결과이자 미래로 가는 삶의 의지를 표현한다.

Behavior refers to the activities and responses of animals, including humans, as well as inanimate entities such as machines. *Human behavior* refers to the latent or expressed responses of individuals or groups to internal and external stimuli. When examined more deeply and narrowly, the nature of human behavior can be understood as *human actions driven by intention or purpose.* In this essay, I would like to make it clear that I am specifically discussing *human behavior guided by intention or purpose.*

Human behavior can be primarily determined by personality, temperament, and genetics. However, there are also secondary characteristics shaped by life experiences and parental influence. Generally, individual human behavior appears in different forms depending on one's stage of life. Behavioral patterns may vary during stages such as infancy, adolescence, adulthood, and old age.

Human behavior is expressed through psychological characteristics such as thoughts, emotions, and personality. The psyche gives rise to behavior, and the outcome of that behavior creates new psychological states, leading to further actions. Psychology and behavior form a cycle that repeats, shaping the temporal and spatial aspects of a person's present life. Behavior always reflects one's current life, and that life is continually evaluated through behavior. The actions I take today are both a result of my current psychological state and an expression of my will toward the future.

철학자 니체
Philosopher Nietzsche

　철학자 니체는 19세기 당시 유럽 사회에 만연했던 절망적 갈등의 원인으로 다음 두 가지의 시대정신을 꼽았다. 첫 번째는 **유물론**이었다. 유물론은 **물질주의**와 같은 의미이며 만물의 근원을 물질로 보는 사상이다. 이는 세계의 근본이 되는 실제는 물질이나 자연이며 정신이나 관념이 될 수 없다고 주장한다. 유물론은 **마르크스주의**와 **공산주의**의 경제 · 사회 · 정치철학으로 이어졌다.

　두 번째는 **역사주의**였다. 역사주의는 인간 생활의 모든 현상을 역사적 흐름 속에서 찾는 사상이다. 이는 생활 속 규범 · 가치 등을 학문화하고, 사유 체계란 역사화를 통해서만 인정해야 한다고 주장한다. 역사주의는 개별적이고 다양한 분야에서 역사적 정당성을 갖기 위한 이성적 합리주의를 양산했다.

　니체는 전력을 다해 이를 비판하였다. 그는 유물론을 주장하면서 인간성의 부정과 소외를 가져오려는 그 누구와도 맞서 싸웠다. 그는 또한 역사주의란 인류가 얼마나 자랑스럽게 발전해 왔는지만 알기 위해서 역사를 되돌

아본다고 말한다. 그러한 역사주의 시각으로는 현재 우리가 누구인지 그리고 우리가 무엇을 원하는지 제대로 알지 못한다고. 따라서 역사주의는 진짜가 아닌 것에서 즐거움을 구하려 한다고.

니체는 인간성이 상실되어 가는 당시 사회에서 인간의 존엄성과 인도주의를 되찾으려 노력하였다. 그는 행동하는 철학자이자 사상가였다. 그는 말했다. '나는 쪼그려 앉아 한 작가를 연구하기보다는, 과거 창작된 것에 대한 잡담보다는, 아주 작은 것일지라도 읽혀도 좋을 만한 새로운 창작이 더 귀중하다.'라고.

니체는 우리의 삶이 생동하고 활기가 있으려면 열정이나 사랑과 같은 삶을 감싸는 분위기가 필요하다고 보았다. 이러한 그의 생각은 당시 사회에 퍼진 어두운 현실주의에 대한 비판과 연결되기도 한다. 당시의 현실주의는 과장된 사실관계에 종속되어 체념적이고 무기력하며 냉소적인 태도를 보였다. 이는 결국 허무주의적인 이기주의, 즉 경제적인 이득이 없다고 생각되는 모든 것에 무관심해지는 이기주의를 낳았다.

니체는 실제의 삶을 경시하고 추론하기에만 매달려 있는 이상주의자들을 향해 이렇게 비판하였다.
추론된 세계의 본질에 대해서는 오직 해석만이 있을 뿐이며 우리는 원문을 알지 못한다.
모든 해석의 논리적 요청은 다음과 같다. '원문은 어디에 있는가?'
하지만 이러한 추론된 원문을 아는 이는 없다.

지금까지 우리는 주어진 삶에 복종하는 것을 배웠지만, 이제부터는 명령하는 것, 무엇보다도 자기 자신에게 명령하는 것을 배워야 한다. 하지만 그리하기 위해서는 우선 자기 자신을 존중할 수 있어야 하며, 자기 안의 주인을 찾아야 한다. 자기 안의 주인을 찾기 위해서는 인간 내부의 균열과 부조화를 인정하고 감내해야 한다. 이것이 행동하는 인간 조건의 일부가 되는 것이다. 우리는 자기 삶의 감독이 되어야 하고 내적 균열을 조정해야 하며 자기 내부의 다양한 목소리를 지휘해야 한다. 이것이 행동하는 인간 조건의 일부가 되는 것이다.

젊은 영혼은 어떻게 진정한 자아의 근본 법칙을 찾으려 행동하는가? 젊은 영혼은 자신에게 영향을 주는 모범적인 인물들을 검토하면서 자신을 찾아간다. 진정한 자아를 찾으려는 노력을 계속하는 동안, 우리는 언제나 우리의 영혼이 젊은 상태에 있다는 것을 느낀다. 진정한 자아를 찾으려는 노력이 멈추게 되면, 우리의 젊은 영혼도 늙게 되는 것이다.

도덕적 인간이란 도덕적인 것을 말하는 사람이 아니라 **도덕적인 행동을 하는 사람**이다. 개인은 스스로 삶의 수단과 그 가치를 발견하고 기꺼이 성취하려는 의지와 행동을 하여야 한다. 조직, 사회, 국가가 개인을 교육하고 보호하며 삶의 수단과 그 가치를 제공해 주던 시절은 지났다. 개인은 스스로 자신의 삶 속에서 생존함과 극복함을 병행하여야 한다. 인간이 생존함을 넘어 극복함에서 이기게 되면 자기 생의 목표를 성취하게 된다. 이것이 **초인 사상**이다.

니체는 우리에게 근면한 사람만을 친구로 사귀라고 말한다. 빈둥빈둥 노는 자는 친구들에게 위험한 존재이다. 그러한 자는 그가 별로 하는 일이 없으므로 친구들의 행동을 일일이 곱씹으며 이야기하길 좋아한다. 그러다가 마침내는 남의 일에까지 참견하고 개입하여 달갑지 않은 존재가 되고 만다. 그러므로 근면한 사람들과만 우정을 맺는 현명한 길을 택해야 할 것이다.

Philosopher Nietzsche identified two dominant ideologies in 19th-century European society as the root causes of prevailing despair and conflict. The first was *materialism*. Materialism, meaning the same as a *materialistic worldview*, is a philosophy that regards matter as the origin of all things. It asserts that the fundamental reality of the world is matter or nature, and that spirit or ideas cannot be foundational. This materialism developed into the economic, social, and political philosophy of *Marxism* and *communism*.

The second was *historicism*. Historicism is a philosophy that interprets all phenomena of human life through the lens of historical development. It seeks to formalize everyday norms and values into academic knowledge, arguing that systems of thought can only be validated through historical context. Historicism gave rise to a rationalism that sought historical legitimacy in individual and diverse fields.

Nietzsche fiercely criticized both ideologies. He opposed anyone who, by promoting materialism, attempted to deny or alienate human nature. He also stated that historicism views history merely as a means to admire the glorious progress of humanity. With such a perspective, we fail to grasp who we are in the present and what we truly desire. Thus, Nietzsche claimed that historicism seeks joy in what is not real.

Nietzsche sought to reclaim human dignity and humanitarianism in a society where humanity was being lost. He was a philosopher and thinker who acted. He once said: *'Rather than crouching down to study a single author, or engaging in idle talk about past creations, even the smallest new creation that is worth reading is more valuable.'*

Nietzsche believed that for life to be vibrant and full of vitality, it must be surrounded by an atmosphere of passion or love. This belief was also a critique of the bleak realism that had spread throughout society at the time. Such realism, bound to exaggerated facts, fostered a resigned, helpless, and cynical attitude. Ultimately, this gave rise to nihilistic egoism—an egoism that shows indifference to anything believed to bring no economic benefit.

Nietzsche criticized idealists who neglected real life and clung only to abstract reasoning. He asserted the following:

There are only interpretations regarding the essence of the inferred world, and we do not know the original text.

The logical demand of every interpretation is this: 'Where is the original text?'

But no one knows this inferred original.

Until now, we have learned to obey the life we were given, but from now on, we must learn to command—especially ourselves. To do that, we must first be able to respect ourselves and discover the master within. To find that inner master, we must acknowledge and endure the cracks and disharmony within us. This is part of the human condition of action. We must become the director of our own life, reconcile our inner fractures, and conduct the many voices within us. This is what it means to be a human who acts.

How does a young soul act in its search for the fundamental law of the true self? A young soul seeks itself by examining exemplary figures who influence it. As long as we continue the effort to find our true self, we will always feel that our soul remains youthful. But once the effort ceases, even our young soul begins to grow old.

A *moral person* is not someone who merely talks about morality, but *someone who engages in moral actions.* An individual must discover the means and values of life for themselves, and then act with the will to achieve them. The days when institutions, society, and nations educated, protected, and provided individuals with the means and values of life are gone. Today, individuals must both survive and overcome challenges within their own lives. When a person goes beyond mere survival and triumphs in overcoming challenges, they achieve the goals of their life. This is the *concept of the Übermensch (Overman).*

Nietzsche advised us to befriend only diligent people. Those who idle around are dangerous to their friends. Since they have little to do, they tend to dwell on and talk about their friends' actions. Eventually, they meddle in others' affairs and become unwelcome. That is why it is wise to form friendships only with diligent individuals.

음악가 베토벤
Musician Beethoven

음악가 베토벤은 그의 나이 20대 중반부터 귓병을 앓기 시작했다. 그가 귓병이 나기 전까지 만든 그의 작품은 3개밖에 안 된다. 그는 9개의 교향곡을 포함하여 수많은 피아노곡, 협주곡 등 총 840개가 넘는 작품을 남겼다. 그러므로 그의 모든 작품은 귓병이 생긴 이후에 만들어진 것이다.

베토벤은 귓병으로 인한 청각장애를 겪으면서 귀가 점점 어두워졌다. 그는 저음의 소리는 비교적 잘 들었으나 고음의 소리는 듣지 못했다. 그는 만년에 작곡할 때면 나무토막을 사용했다. 그는 나무토막의 한 끝을 피아노 속에 넣고 다른 한 끝을 이빨로 물었다. 그는 나무토막을 이용하여 피아노 음의 진동을 느끼며 작곡했다. 베토벤 박물관에는 1814년경 기계 기사 멜젤이 베토벤을 위하여 만든 보청기가 보존되어 있다.

베토벤이 자신의 친구 베겔러에게 보낸 한 편지에는 다음과 같이 적혀 있다. 나는 비참한 생활을 하고 있다고 해도 과언이 아니네. 거의 2년째 나는 모든 사교를 피하고 있네…. '나는 귀머거리요.'라며 사람들에게 말할 수가 없기 때문일세…. (음악하는) 내 직업으로 이것은 무서운 처지네…. 체념! 이 얼마나 슬픈 피난

처인가…. 그러나 이것만이 내게 남은 유일한 피난처라네….

그러나 베토벤은 이러한 슬픔의 시기에도 여러 작품을 만들어 갔다. 그 작품들 속에는 이러한 비극에 대한 슬픔이 한껏 묻어난 것도 있지만, 그와는 반대로 젊음의 웃음소리를 떠올리는 명랑한 작품도 있었다.

그가 남긴 노트와 편지에는 다음과 같은 내용의 글도 있다.
나는 잠자는 것으로만 휴식을 대신하였고, 휴식하는 시간 이외에는 쉬지 않고 일하며 지냈다…. 잠자는 것에 점점 더 많은 시간을 뺏기는 것이 마치 적잖은 불행으로 보인다네…. 병이 절반만이라도 나을 수만 있다면 (얼마나 좋을까)…. 결단코 그놈의 병에 눌려서는 안 돼…. 나는 운명의 목덜미를 잡아 쥐고 말 테야….

베토벤은 45세가 되면서부터 귀가 완전히 들리지 않게 되었고, 사람과의 대화는 필담으로 해야 했다. 그는 그 후로 신경통(47세)에 황달(51세) 그리고 결막염(53세)까지 걸리는 상태가 되었다. 그가 쓴 또 다른 편지에는 이렇게 적혀 있다.
(지난 시절) 나는 여러 번 나의 존재와 조물주를 저주하기도 했다네….
(하지만) 될 수만 있다면, 나는 나의 운명과 (한 번이라도) 싸워 보고 싶네….

베토벤은 나이 54세가 되어 그가 작곡한 제9번 교향곡 (합창 교향곡)의 첫 공연을 지휘하였다. 공연 지휘 후 장내는 박수갈채로 떠나갈 듯하였으나 그에게는 이 요란한 소리가 전혀 들리지 않았다. 한 여가수가 그의 손을 붙잡아 청중을 향해 돌려세워 주었다. 그는 청중들이 일어서서 박수갈채를 보내는 광경을 보기 전까지 그의 자리에 그저 앉아 있었다.

Musician Beethoven began to suffer from an ear disease in his mid-twenties. Before his hearing problems began, he had composed only three works. He went on to produce over 840 pieces, including nine symphonies, countless piano compositions, and concertos. Therefore, all of his works were created after his hearing loss began.

Beethoven experienced hearing loss due to his condition, and his hearing gradually worsened over time. He was still able to hear low-pitched sounds relatively well, but he could no longer hear high-pitched sounds. In his later years, when composing, he used a wooden rod. He would place one end of the rod inside the piano and would bite down on the other end with his teeth. In this way, he could feel the vibrations of the piano's sound through the rod while composing. At the Beethoven Museum, one can find a hearing aid made around 1814 by the mechanic *J. N. Mälzel* for Beethoven.

In a letter Beethoven sent to his friend *Wegeler*, he wrote the following:

It would not be an exaggeration to say that I am living a miserable life. For almost two years now, I have been avoiding all social interactions⋯.'I am deaf.'— I cannot say that to people⋯. This is a terri-

ble situation for my profession (as a musician)⋯. Resignation! How sad a refuge it is⋯. But this is the only refuge left for me⋯.

However, even during this time of sorrow, Beethoven continued to compose many works. Some of his compositions reflected the deep sadness of his tragedy, while others, in contrast, were cheerful pieces that reminded him of the laughter of youth.

His notebooks and letters contain writings such as the following:

I only replaced rest with sleep, and aside from the time I spent resting, I worked without respite⋯. As I lose more and more time to sleep, it feels like a considerable misfortune⋯. If only my illness could improve even by half —how wonderful that would be⋯.

I must not be defeated by that damned illness⋯. I will seize the neck of fate⋯.

By the age of 45, Beethoven had completely lost his hearing, and he had to communicate with others through written notes. In the years that followed, he also suffered from neuralgia at 47, jaundice at 51, and conjunctivitis at 53. In another letter he wrote:

(In the past) I have often cursed my existence and the Creator⋯.

(But) if I could, I would like to fight against my fate —just once⋯.

At the age of 54, Beethoven conducted the premiere of his Symphony No. 9 (*Choral*). After the performance, the hall was filled with thunderous applause—but he could not hear a single sound of it. A soprano singer took his hand and turned him toward the audience. He remained seated until he saw the scene of the audience standing and applauding.

할비(할아버지) 이야기
Grandfather's Reflections

나는 젊어 일하던 시기에 업무수첩 하나를 가지고 다니던 습관이 있었다. 당시 직장을 다니는 대부분의 사람에게는 업무수첩을 가지고 다니는 것이 일반적이었다. 그들은 업무에 필요한 정보와 관련 메모 혹은 특기할 만한 것들을 업무수첩에 기록한다. 나도 업무에 도움이 되는 많은 내용을 업무수첩에 기록하고 외우며 참고했던 기억이 있다.

여기에 더하여 나는 업무수첩에 한 가지를 추가하였다. 나는 이것을 '**일과진행표**'라고 불렀다. 나의 일과진행표는 보통 아침 업무 시작부터 15분마다 내가 한 일에 대한 기록을 담고 있다. 점심 후 휴식 시간에 짬을 내어 오전 중에 일어났던 모든 일을 기억하여 짧게 기록했다. 퇴근 전에도 잠시 짬을 내어 오후 동안에 일어났던 모든 일을 기억하여 짧게 기록했다. 그리고 퇴근 후 잠자기 전까지 했던 일들도 기억하여 짧게 기록했다.

어떤 날에는 많은 그리고 다양한 일로 인해 일과진행표의 기록이 3쪽이 넘어간 경우도 있었다. 하지만 어떤 날에는 일과진행표의 기록이 반쪽도 안 되던 경우도 있었다. 나는 이렇게 메모한 일과진행표를 매 주말에 혹은 매

월말에 살펴보는 시간을 가지곤 했다. 이렇게 하면서 나는 나의 의지에 따라 계획했던 것들이 행동으로 나타나는 과정을 살필 수 있었다.

일과진행표는 나에게 책임감이 필요한 중요 업무에 충분한 시간과 노력을 들였는지 알게 해주었다. 나는 때때로 중요한 업무임에도 불구하고 이에 상응하는 시간과 노력을 들이지 않은 것을 알 수 있었다. 그러한 종류의 업무에서 때때로 만족할 만한 성과를 거두지 못했던 것도 일과진행표는 알고 있었다. 한편으로 중요하지 않았던 일에 너무 많은 시간과 노력을 소비했던 것도 일과진행표는 알고 있었다. 일과진행표는 언제나 나에게 어제의 행동보다 조금 더 나은 오늘의 행동을 할 수 있도록 도와주었다.

또한 일과진행표는 나에게 하루를 살면서 헛되이 사용했던 시간을 알려주었다. 내 인생에서 다시 돌아오지 않을 그 시간, 헛되이 보낸 그 시간을 일과진행표에서 확인할 수 있었다. 나는 일과진행표를 통해 시간을 아끼고 더욱 가치 있는 일에 더 많은 시간과 노력을 투자할 수 있었다.

나는 나이 60세가 되면서 일과진행표를 더 이상 만들지 않는다. 그 이유로는 이제는 때를 맞추어 책임과 성과를 중요하게 여겼던 시절과는 다른 생활을 하기 때문이다. 현재 나의 생활에는 해야 할 일들은 적어지고 있지만 하고 싶은 일들은 점점 많아지고 있다. 또한 내 도움이 필요한 주변 사람들에게 언제든 도움을 주려는 마음을 키우고 있다.

그래서 나는 일과진행표를 더 이상 만들지 않는다. 그래도 일과진행표를 만들며 지내 왔던 지난날의 나는 내 기억 속에 여전히 남아 있다.

행동은 내가 나를 믿게 하는 손길이다.

When I was young and working, I had a habit of carrying a notebook with me. At that time, it was common for most people who worked to carry a notebook. They would write down necessary information for work, work-related notes, or anything noteworthy in their notebooks. I also remember writing down many useful things in my work notebook, memorizing them, and referring to them.

In addition to that, I added one more element to my work notebook. I called it the *'Work Progress Chart (WPC).'*

In the WPC, I would record what I did every 15 minutes, starting from the beginning of the workday. During my lunch break, I would take a moment to recall everything that happened in the morning and write it down briefly. Before leaving work, I would also take a short break to reflect on the afternoon and record it briefly. Finally, before going to bed, I would review the rest of the day's activities and would make a brief note about them as well.

On some days, due to the large number of various tasks, the records in the WPC would exceed three pages. However, on other days, there were times when the records barely filled half a page. I usually took some time every weekend or at the end of each month to review the WPC entries I had written. In doing so, I could observe the process of how the things I had planned according to my will were manifested in actions.

The WPC helped me to realize whether I had devoted enough time and effort to important tasks that required attention. Sometimes, I found that even though a task was crucial, I had not allocated the right amount of time and effort. The chart also revealed that in such cases, I often failed to achieve satisfactory results. On the other hand, it showed that I occasionally spent too much time and effort on tasks that weren't important. The WPC consistently helped me to be a little better today than I was yesterday.

The WPC also revealed how much time I had wasted during the day. It made me aware of the moments spent in vain—time that would never return. Through the chart, I was able to save time and invest more time and effort into more meaningful pursuits.

As I turned 60, I no longer create a WPC. The reason is that my lifestyle now differs from the days when I focused on my responsibilities and achievements. Today, the tasks I must complete have become fewer, but the things I want to do have grown significantly. I have also developed a strong desire to help those around me whenever they need assistance.

As a result, I no longer need to maintain a WPC. However, the days when I did create one are still vivid in my memory.

Action is the hand that makes me believe in myself.

6

노동은 세상을 향해 나가는 나의 발길

Labor is the stride through
which I step into the world

◊

노동이란 무엇인가?
What is Labor?

노동이란 인간이 하는 일을 말한다. 일 중에서도 생존하고 삶을 영위하려는 의도된 행위로써의 일을 말한다. 인간이 숨을 쉬고, 먹고 마시며, 잠을 자는 것은 생존하는 것 그 자체이며 이를 일이라 말하지는 않는다. 철학적 표현으로 노동이란 인간 내면의 욕구가 행위로 표출되는 것이라 말하기도 한다. 사회적 관점에서 노동은 개인과 집단의 생존을 보장받기 위해 의도되거나 달성하기로 계약된 행위를 말한다.

Labor refers to the *work performed by human beings.* Among all kinds of work, it specifically refers to intentional actions carried out to survive and sustain life. Breathing, eating, drinking, and sleeping are essential for survival itself, but they are not typically considered work. In philosophical terms, labor is sometimes described as the *expression of internal human desires through action.* From a social perspective, labor refers to *actions that are either intentional or contractually agreed upon in order to ensure the survival of individuals and groups.*

노동의 종류
Types of Labor

노동의 종류에는 크게 **육체적 노동**과 **정신적 노동**이 있다. 육체적 노동이란 물질생산이나 서비스 생산에 인간의 몸이 주로 이용되는 노동을 말한다. 정신적 노동이란 물질생산이나 서비스 생산에 인간의 지식이나 감정을 주로 이용하는 노동을 말한다. 서구 유럽 사회를 중심으로 한 역사를 보면, 문명 사회의 변화에 따라 노동'의 종류와 그 양상이 다르게 나타난다. 20세기 이후 자본주의 경제체제를 가진 현대 국가에서는 육체적 노동 못지않게 정신적 노동도 중요해졌다. 오늘날에는 현대 국가를 중심으로 육체적 노동과 정신적 노동이 혼합된 형태가 많다.

Labor can be broadly categorized into *physical labor* and *mental labor*. Physical labor refers to work that primarily uses the human body for the production of goods or services. Mental labor refers to work that primarily relies on human knowledge or emotions in the production of goods or services. Looking at the history of Western European societies, the types and patterns of labor have varied according to changes in civilization. Since the 20th century, in modern capitalist nations, mental labor has become just as important as physical labor. *Today, especially in modern states, many forms of labor involve a combination of both physical and mental labor.*

역사 속의 노동
Labor in History

고대 인류는 수백만 년 전 지구상에 등장하여 상당 기간 사냥과 채집으로 생활해 왔다. 그들에게 있어서 노동이란 생존과 직결된 육체적 노동이 대부분이었다. 종족의 지도자나 연장자가 가지고 있던 지식과 지혜를 이용하는 정신적 노동은 미약했을 거라 짐작된다. 고대 인류에게 있어서 노동이란 생존을 위해 자연을 상대해야 하는 육체적 노동을 의미한다고 할 수 있다. 그들은 먹을 것을 공동으로 생산하고 공동으로 분배하였으며, 잉여 생산물은 미미하였으리라 미루어 짐작할 수 있다. 그들은 대부분 육체적 노동을 하는 생산자였고, 그들은 대부분 최소한의 양만 소비하는 소비자였다.

고대 문명 사회는 약 4천 년 전 수메르, 이집트, 인더스, 메소포타미아 등 여러 지역에서 발생하였다. 그들은 귀족으로 대표되는 소수의 지배계층과 노예로 대표되는 다수의 피지배계층으로 된 사회구조를 가졌다. 그러한 사회를 유지하는 데 필요한 대부분의 물질과 서비스의 생산은 피지배계층(노예)이 담당하였다. 지배계층(귀족)에게 노동이란 노예들이 하는 일을 의미한다고 할 수 있었다. 고대 문명 사회 이후 유럽 지역에 형성된 고대 국가들의 중심에는 그리스와 로마제국이 있었다. 그들도 마찬가지로 노예제도를 기반으로 하여 발전하였다. 고대 그리스에서는 노예의 재산권을 허용했다는 견해도 있으나, 이는 극히 제한된 시기와 지역에 한하였을 것이다.

당시의 노동이란 노예가 생존하기 위해 자신의 육체를 이용하여 일을 해야 하는 강제적인 노역이었다. 귀족은 주로 정치, 기술, 종교, 문화 등에 필요한 정신적 노동을 담당하였다. 정신적 노동이 사회적인 의미를 가지고 태동한 것은 고대 문명 사회부터라고 할 수 있다. 다수인 피지배계층은 육체적 노동을 하는 생산자였고, 소수인 지배계층은 서비스와 잉여 물질의 소비자였다. 즉, 잉여 물질과 서비스의 주된 생산자와 그것들의 주된 소비자는 분리되었다.

육체적 노동으로부터 자유로운 귀족·시민계급은 정치, 군사, 기술, 철학, 종교, 문화 등의 발달에 이바지하였다. 이러한 정신적 노동의 비약적인 성과는 다시금 문명 사회의 발달을 촉진하였다. 고대 그리스의 많은 철학자들은 당시의 노예사회가 여전히 유지되어야 한다는 의견에 동의하였다. 그 이유는 당시 물질과 서비스의 주된 생산이 인간의 육체적 노동으로 이루어졌기 때문이다. 고대 문명 사회가 고대 국가로 발전·융성하는 과정에서 지배계층의 정신적 노동도 많이 증가하였다.

로마제국으로 대표되던 고대 국가 사회가 쇠퇴하고 분열하면서 중세 유럽 사회가 형성되기 시작했다. 중세 유럽 사회는 고대 국가 사회와는 달리 군사적 정복지가 한계에 이르고 노예의 수급이 정체되었다. 따라서 중세 유럽 국가들은 사회구조를 자국민에 의해 토지를 개간하고 물질을 생산하는 방향으로 변화하였다. 이른바 **농노**가 생겨나 농업 기반의 물질생산 대부분을 담당하였다. 농노는 예전의 노예 혹은 평민이 강제적 혹은 자발적 계약으로 자신을 토지와 영주에 예속한 농업 노예를 말한다.

중세 유럽 사회 역시 귀족·성직자 중심의 지배계층과 농노 중심의 피지배계층으로 이루어진 사회였다. 중세 유럽 사회는 농노의 육체적 노동을 물질의 주된 생산수단으로 하여 800년 이상 지탱되었다. **중세 유럽 사회에서 노동이란 주로 농노가 행하는 육체적 노동을 일컫는 말이다.** 하지만 귀족·성직자 등 지배계층의 정신적 노동도 상당했으며 종교·철학·예술 등의 발전에 크게 이바지했다.

토지 기반의 봉건사회였던 중세 유럽 사회는 15세기를 지나면서 변화하기 시작했다. 외부 문명국가들과의 교류로 원거리 무역이 증가하였고, 무역의 발달은 화폐경제로의 전환에 있어서 선봉이 되었다. 토지와 농노에 의한 농업 중심에서 점차 무역을 통한 상업 중심의 사회로 변화하기 시작했다. 원거리 무역의 영향으로 비단, 향신료 등 귀족의 사치품과 철, 목재 등 원자재에 대한 소비가 급격히 늘어났다.

무역이 증가함에 따라 상업만을 생업으로 하는 상인 계층이 등장하였다. 상인 계층은 주로 농노가 자유인이 되어 무역이 발달한 도시에서 무역업에 종사하면서 형성되었다. 무역업은 육체적 노동뿐 아니라 수학, 과학 등 지식을 활용하는 정신적 노동을 동시에 필요로 하였다. 상인 계층의 사람들은 부를 축적하였고 새로운 문물을 접하면서 사회적·정치적 영향력도 커지게 되었다. 그들은 근대 유럽 사회 형성에 주도적인 역할을 하였으며, 후에는 공업, 금융업 등 산업 전반에서 자본가로 성장하였다.

농노 기반의 봉건사회가 점차 해체되면서 토지와 영주에 예속되었던 많은 농노가 자유인이 되었다. 그들은 상업과 공업이 성행하는 도시지역으로 이주하여 상인 혹은 도시의 노동자·기술자로 변모하였다. 도시를 중심으로 한 상공업의 발달은 화폐경제의 발달을 더 촉진하였고, 이는 자본주의의 모체가 되었다. 이와 함께 문학, 예술, 문화 분야의 르네상스 운동이 이탈리아를 중심으로 퍼져 나갔다. 또한 과학기술 분야의 혁신과 발전도 르네상스 운동 시기에 이루어졌다. 더욱 많은 자유인, 더욱 많은 상인, 더욱 많은 도시 노동자의 출현은 중세 시대의 막바지에서 근대 시대의 문을 여는 중요한 여건을 만들었다.

근대 유럽 사회의 태동은 중세 유럽 사회의 농노에서 출발한 자유인과 역사적 고리를 같이 하고 있다. 그들은 분업과 협업을 할 수 있는 도시의 노동 환경 하에서 더 생산성 높은 노동자가 될 수 있었다. 노동자는 구체적으로 육체적 노동자, 정신적(지적) 노동자 그리고 이를 결합한 노동자 등으로 세분화·전문화 되었다. 또한 화폐경제의 발달은 부의 축적을 더욱 쉽게 만들었고, 일반 시민에 의한 부의 축적을 가능하게 만들었다. 이러한 변화는 시민을 경제적 생산자이자 동시에 축적한 부를 사용하는 경제적 소비자가 될 수 있게 했다. 고대와 중세 사회에서 분리되었던 생산자(노예·농노: 피지배계층)와 소비자(귀족·성직자: 지배계층)가 근대 사회가 되면서 경제적으로 서로 통합되었다. 즉, 자유인으로부터 유래한 시민 각자가 경제적으로 생산자인 동시에 소비자로 등장하게 되었다는 것이다.

　근대 유럽 사회가 전성기를 맞이할 수 있었던 결정적 원인에는 **산업혁명**이 있었다. 18세기 중반을 기점으로 유럽 사회는 노동력과 자본이 풍부해졌으며, 특히 과학기술의 발전이 비약적이었다. 이를 바탕으로 상업 · 금융업 · 공업 등 거의 모든 산업 분야에서의 경제적 생산량이 기하급수적으로 증가하였다. 그 결과 부를 축적한 시민계층을 모태로 하여 **자본가(부르주아) 계급**이 형성되었다. 부를 축적하지 않은 시민계층은 도시의 공장에서 일하는 집단적인 **노동자(플로레타리아) 계급**을 형성하였다. 한편, 시민이 각자 노력하여 부를 축적하면 노동자 계급에서 자본가 계급으로의 계층 이동이 가능하게 되었다.

　산업혁명을 통하여 근대 유럽 사회는 여러 측면에서 큰 변화를 맞게 되었다. 무역을 통해 부를 축적한 상인들은 기술 발전을 활용한 공업 생산에까지 진출하는 산업자본가로 성장하였다. 산업자본가는 고전 경제학에서 말하는 생산의 3요소 중 **자본(돈)**과 **토지(공장)**를 소유할 수 있었다. 많은 노동자는 생산의 나머지 요소인 **노동(력)**을 제공하면서 자본주의 경제의 생산시스템에 참여하였다. 한편, 과학기술적 능력을 갖춘 지적 노동자들도 경제적 생산시스템에 참여하여 생산성 향상에 이바지하였다.

　Ancient humans appeared on Earth millions of years ago and lived for a long time through hunting and gathering. For them, labor was mostly physical and directly tied to survival. It is assumed that mental labor—such as the use of knowledge and wisdom possessed by tribal leaders or elders—was minimal. For ancient humans, labor mainly involved physical work in order to survive. They likely produced and distributed collectively, and any surplus production would have been minimal. *Most of them were producers engaged in physical labor, and they were also consumers who likely consumed only the bare minimum.*

Ancient civilizations began to emerge around 4,000 years ago in various regions such as Sumer, Egypt, the Indus Valley, and Mesopotamia. These societies had a hierarchical structure consisting of a small ruling class, represented by nobles, and a large subordinate class, represented by slaves. The majority of goods and services necessary to sustain these societies were produced by the subordinate class (slaves). *For the ruling class (nobles), labor was essentially considered the work done by slaves.* Following these early civilizations, ancient states began to form in Europe, with Greece and the Roman Empire at the center. They, too, developed based on a system of slavery. There is an opinion that property rights were granted to slaves in ancient Greece, but this was likely limited to a very specific period and region.

At that time, labor referred to the forced work that slaves were required to perform using their bodies. Nobles were mainly responsible for mental labor related to politics, technology, religion, and culture. It can be said that mental labor began to gain social significance starting from ancient civilized societies. The majority, who belonged to the subordinate class, were producers engaged in physical labor, while the minority ruling class were consumers of services and surplus goods. In other words, *the primary producers of surplus materials and services were distinct from their primary consumers.*

The aristocratic and citizen classes, who were free from physical labor, contributed to the development of politics, military affairs, technology, philosophy, religion, and culture. The remarkable achievements of this mental labor further accelerated the advancement of civilized society. Many philosophers in ancient Greece agreed that the slave system of the time should be maintained. This was because the primary production of goods and services still relied on human physical labor. As ancient civilizations evolved and flourished into ancient states, the amount of mental labor performed by the ruling class also significantly increased.

As ancient state societies, represented by the Roman Empire, declined and fragmented, medieval European society began to take shape. Unlike ancient states, medieval Europe faced limitations in military conquest and experienced a stagnation in the supply of slaves. As a result, medieval European nations began shifting toward a social structure in which their own citizens cultivated land and produced goods. This shift led to the emergence of *serfs*, who took on most of the agricultural and material production. Serfs were former slaves or commoners who, through forced or voluntary contract, became agricultural laborers bound to the land and their lords.

Medieval European society was also composed of a ruling class centered around nobles and clergy, and a subordinate class centered around serfs. The society was sustained for over 800 years primarily through the physical labor of serfs as the main means of material production. *In medieval Europe, the term 'labor' mainly referred to the physical work performed by serfs.* However, the mental labor of the ruling class was also significant and contributed greatly to the development of religion, philosophy, and the arts.

Medieval European society, which was based on a feudal system rooted in land ownership, began to change after the 15th century. Long-distance trade expanded through interaction with external civilizations, and this development paved the way for a transition toward a monetary economy. Society gradually shifted from an agriculture-based system reliant on land and serfs to one centered on commerce and trade. As a result of long-distance trade, the consumption of luxury goods such as silk and spices, as well as raw materials like iron and lumber, increased rapidly.

As trade expanded, a merchant class emerged that relied solely on commerce for their livelihood. This class largely consisted of former serfs who had gained their freedom and engaged in trade in growing urban centers. The trade industry required not only physical labor but also mental labor involving the use of knowledge in fields such as mathematics and science. Merchants accumulated wealth and, through exposure to new ideas and cultures, gained increasing social and political influence. They played a leading role in the formation of modern European society and later grew into industrial capitalists in fields such as finance and manufacturing.

As the feudal society based on serfdom gradually disintegrated, many serfs who had been bound to the land and their lords gained freedom. They migrated to urban areas where commerce and industry were thriving, transforming into merchants or urban laborers and skilled workers. The growth of trade and industry centered around cities further accelerated the development of a monetary economy, which became the foundation of capitalism. Alongside these changes, the *Renaissance* movement in literature, art, and culture spread from Italy to the rest of Europe. The Renaissance era also witnessed major innovations and advancements in science and technology. The emergence of more free individuals, more merchants, and more urban workers in the late Middle Ages laid the essential groundwork for the opening of the modern era.

The rise of modern European society shares its historical roots with the freed individuals who had once been serfs in medieval Europe. Under urban labor conditions that enabled division of labor and cooperation, they became more productive workers. Laborers were further subdivided and specialized into physical workers, intellectual (or mental) workers, and those who combined both forms of labor. Moreover, the development of a monetary economy made wealth accumulation easier and allowed ordinary citizens to amass wealth as well. These changes enabled citizens to become both economic producers and consumers of the wealth they generated. In contrast to ancient and medieval societies—where producers (slaves and serfs, the subordinate class) and consumers (nobles and clergy, the ruling class) were separate—modern society saw the economic integration of these roles. In other words, each citizen, descended from freed individuals, emerged as both a producer and a consumer in the economic sphere.

A decisive factor that enabled modern European society to reach its peak was the *Industrial Revolution*. Beginning in the mid-18th century, European society was rich in both labor and capital and experienced remarkable advancements in science and technology. Under these conditions, economic output in nearly all sectors—commerce, finance, and industry—grew exponentially. As a result, a new *capitalist (bourgeois) class* emerged, rooted in the wealth-accumulating citizenry. Meanwhile, those citizens who did not accumulate wealth formed the collective *worker (proletariat) class*, working in urban factories. At the same time, through individual effort and the accumulation of wealth, it became possible for members of the working class to move up into the capitalist class.

Through the Industrial Revolution, modern European society underwent significant changes across various aspects. Merchants who had accumulated wealth through trade grew into industrial capitalists, expanding into industrial production by leveraging technological advancements. Industrial capitalists came to own two of the three classical factors of production described in classical economics—*capital (money)* and *land (factories)*. Many laborers participated in the capitalist economic production system by providing the third factor—*labor*. Meanwhile, intellectual workers equipped with scientific and technological expertise also contributed to the economic system by improving productivity.

자본주의와 노동 1
Capitalism and Labor 1

　자본이란 경제적 생산을 가능하게 하는 수단을 말하며 자본의 종류에는 화폐(돈), 토지, 공장, 시설 등이 있다. 그중에서 화폐는 **인간의 노동을 당장 구매할 수 있는 권한**을 말한다. 우리가 돈을 주고 상품을 살 때, 우리는 누군가의 노동(자본)으로 만들어진 상품을 돈과 교환하는 것이다. 즉, 우리는 누군가의 노동을 구매하는 것이다. 부는 **화폐가 축적된 상태**를 말하는데 이는 인간의 노동을 구매할 수 있는 권한이 축적된다는 것을 의미한다.

　자본주의란 개인이나 기업이 자본을 소유하고 또한 이를 처분할 수 있는 경제적인 사회구조를 말한다. 자본주의는 개인이나 기업이 자신이 가진 자본을 사용하고 투자하여 더 많은 자본을 생산하는 것을 허용한다. 모든 종류의 자본을 화폐가치로 전환하면 자본의 크기 계산과 비교가 가능해진다. 자본이 부족한 사람은 자신이 행하는 노동을 제공하면서 살아가는 데 필요한 물질과 서비스를 구할 수 있다.

　자본주의 사회에서 인간은 노동하여 돈을 번 다음 그 돈으로 살아가야 한다. 한 인간이 자신이 가진 노동(력)의 가치를 높이면, 그에 상응하는 높은 대가의 돈을 벌 수 있다. 한 인간이 생존에 필요한 돈보다 더 많은 돈을 벌게 되면, 그로 인해 자신이 바라는 삶을 더욱 쉽게 이룰 수 있다. 자본주의 사회에서 개인 누구나 노력하여 경제적 능력을 갖추게 되면 생존하고 또 삶을 영위할 수 있다.

Capital refers to the *means that make economic production possible*. Types of capital include money, land, factories, and facilities. Among them, *money* represents the *power to immediately purchase human labor*. When we buy a product with money, we are essentially exchanging it for a product created through someone's labor (capital). In other words, we are purchasing someone's labor. *Wealth* refers to the *accumulated state of money,* which means it is the accumulation of the power to purchase human labor.

Capitalism refers to an economic and social structure in which individuals or businesses can own and dispose of capital. It allows individuals or businesses to use and invest their capital to generate even more capital. When all types of capital are converted into monetary value, it becomes possible to measure and compare the size of capital. Those who lack capital can offer their labor in exchange for the goods and services necessary for living.

In a capitalist society, individuals must work to earn money and use that money to live. When a person increases the value of their labor, they can earn a higher wage in accordance with that value. If a person earns more money than what is necessary for survival, they can more easily achieve the life they desire. In a capitalist society, anyone can survive and thrive if they put in the effort to develop their economic capabilities.

자본주의와 노동 2
Capitalism and Labor 2

오늘날 세계는 대부분 미국과 유럽 국가들이 채택한 경제적 자본주의 체제를 수용하고 있다. 자본주의란 자본의 이익을 극대화하기 위한 인간의 노력을 인정하는 체제를 말한다. 자본주의하에서 한 자본가(혹은 기업)가 자신의 자본을 확대하려 할 때 다음 몇 가지를 고려할 수 있다.

첫째, 자신이 생산하는 상품을 소비할 소비자를 창출하고 또 이를 확대하려고 한다.

둘째, 자신이 투자하는 비용을 줄여 이익을 증가하려고 한다. 특히 투자 비용 중의 하나인 인건비를 줄이려 한다. 즉, 가능하면 생산과정의 자동화 · 무인화를 선호하려고 한다.

셋째, 자본가는 자기 자본에 손실이 발생하면 추가 손실을 막기 위해 그가 고용한 노동자를 해고할 수 있다.

자본주의하에서 생산자인 동시에 소비자인 개인은 경제적 활동에 관한 다음 몇 가지를 고려할 수 있다.

첫째, 기업이 조장하려 하는 소비 지상주의에 항상 노출되어 모르는 사이에 소비심리가 자극을 받을 수 있다.

둘째, 자신의 노동 가치가 점점 약화하는 환경의 범위와 깊이가 커질 수 있다.

셋째, 생산자로서 능력이 비자발적으로 사라져 생존에 필요한 부를 유지하지 못할 수도 있다.

Today, most of the world adopts the economic capitalist system practiced by the United States and European countries.

Capitalism refers to a system that recognizes human efforts to maximize the profits of capital. Under capitalism, when a capitalist (or corporation) seeks to expand their capital, they may consider the following factors:

First, they aim to create and expand a consumer base for the products they produce.

Second, they seek to reduce their costs and increase profits, particularly by cutting down on one of the main costs—labor. In this context, they prefer to automate or mechanize production processes whenever possible.

Third, if a capitalist experiences losses in their capital, they may lay off workers they employ in order to prevent further losses.

Under capitalism, an individual who is both producer and consumer can consider the following aspects of their economic activities:

First, they are constantly exposed to consumerism promoted by corporations, which subtly stimulates their consumer mentality without them even realizing it.

Second, the scope and depth of the environment in which the value of their labor is diminishing are growing.

Third, as a producer, their ability may involuntarily diminish, making it difficult to maintain the wealth necessary for survival.

자본주의와 노동 3
Capitalism and Labor 3

자본주의적 생산자인 동시에 소비자인 개인은 자신이 자본주의의 밝은 면에 설 수 있도록 노력해야 한다. 그가 자본가이든 노동자이든 상관없이, 노력하여 얻을 수 있는 것에는 다음과 같은 것이 있을 수 있다.

첫째, 건강한 육체와 지적 능력을 갖추어 자신의 노동(력) 가치를 높인다. 특히, 부모로부터 경제적 독립을 이루기 전까지 충분한 지적 능력을 갖추는 일은 중요하다.

둘째, 변화하는 삶의 환경하에서도 자신과 가족의 생존을 보장하고 삶을 영위할 수 있는 노동 분야를 찾는다.

셋째, 과소비를 줄여 소비 지상주의에 유혹되지 않는다.

넷째, 자신에게 필요한 노동을 자신이 직접 제공하는, 이른바 DIY(Do It Yourself) 능력을 배양한다.

As both a capitalist producer and consumer, an individual must strive to position themselves on the bright side of capitalism. Regardless of whether they are a capitalist or a worker, the following are things that can be achieved through effort:

First, by developing a healthy body and intellectual abilities, they increase the value of their labor. In particular, acquiring sufficient intellectual capacity before achieving economic independence from their parents can be important.

Second, they seek a labor field that can ensure their own and their family's survival and enable them to live a fulfilling life, even in a changing environment.

Third, they reduce overconsumption and avoid falling into the trap of consumerism.

Fourth, they cultivate the ability to perform necessary labor themselves, developing skills for *DIY (Do It Yourself)*.

철학자 니체
Philosopher Nietzsche

철학자 니체는 '인간은 어떤 노동을 하느냐에 따라 그의 정체성이 결정된다.'라고 이해하였다. 왜냐하면 오늘날의 사회는 노동사회이며 직업은 삶의 척추이기 때문이다. 직업은 삶의 원동력을 제공하며 직업은 삶의 핵심 도구이다. 그는 자연조차도 진화 과정에서 노동한다고 보았다.

그는 물질적인 안정을 보장해 주는 직업의 가치를 충분히 인정하였다. 그러나 돈을 얻기 위한 직업적 활동에 매몰된 인간을 양산하는 자본주의와 이에 만족하며 사는 노동자들의 안이한 삶에 대한 비판적 견해도 함께 가지고 있었다.

그는 말했다.

'직업은 (삶을 영위하는 데 필요한) 사물을 생각하지 못하게 한다. (그렇지만) 거기에 직업이 주는 가장 큰 혜택이 있다. 왜냐하면 그것은 (삶에 대한) 일반적인 성질의 회의와 우려가 덮쳐 올 때, (직업이라는 방패) 뒤에 마음대로 숨을 수 있기 때문이다.'라고.

Philosopher Nietzsche understood that *'a person's identity is deter-*

mined by the kind of labor they do.' This is because today's society is a labor-driven society, and one's profession serves as the backbone of life. A profession provides the driving force for life and is a core tool in it. Nietzsche even believed that nature itself works in the process of evolution.

He fully acknowledged the value of a profession that guarantees material security. However, he also held a critical view of capitalism, which produces individuals consumed by their job activities to earn money, and of the complacent lives of workers who are content with this system.

He said:

'Professions prevent one from thinking about the things (necessary to sustain life). (But) there is the greatest benefit that a profession provides. Because when doubts and concerns about life's general nature arise, one can hide freely behind (the shield of the profession).'

음악가 베토벤
Musician Beethoven

　음악가 베토벤이 살던 당시 유럽의 음악가들 대부분은 귀족, 교회 등에 고용된 채 음악 활동을 하였다. 귀족·교회 등은 음악가들을 고용하여 지원하였으며, 음악가들은 음악적 활동물(연주, 지휘, 작곡 등)을 그들에게 헌정하였다. 그들 간의 고용계약서 일부는 아직도 전해지고 있다. 어떤 고용계약서에는 과거 농노 계약서처럼 거주이전의 자유를 제한하는 내용을 담고 있기도 하다.

　귀족, 교회 등에 예속되어 지냈던 음악가에는 다음과 같은 인물들이 있다.
　바흐(J. S. Bach (1685~1750))는 27년간 교회의 음악감독으로 일했으며 도시 밖 출입을 제한당했다.
　하이든(F. J. Hyden (1732~1809))은 30년 이상을 가문의 궁정악장으로 일하는 동안 하인 복장을 해야 했다.
　모차르트(W. A. Mozart (1756~1791))는 교회 대주교에 고용된 궁정음악가로 연주·창작활동을 하였다. 모차르트는 후에 자유로운 음악 활동을 위하여 고용관계를 벗어나 자유인이 되었으나 물질적 가난에 시달렸다. 그의 물질적 가난의 원인으로는 낭비가 심했다는 것을 꼽고 있다.

베토벤은 그들과 달리 처음부터 고용된 음악가가 아닌 **독립적인** 음악가로서 창작활동을 하였다. 그는 자신이 만든 악보의 판매와 연주, 지휘 등 음악공연을 통한 수입으로 생활하였다. 그는 자기 상속자인 조카 **카를**에게 상당한 금액의 유산도 남겼다고 한다. 그런 의미에서 베토벤은 음악 역사상 최초로 성공한 '프리랜서 음악가'로 평가받고 있다.

자본주의 사회에서 개인 누구나 노력하여 경제적 능력을 갖추게 되면 생존하고 또 삶을 영위할 수 있다.

노동은 세상을 향해 나가는 나의 발길이다.

Most musicians in Europe during Beethoven's time were employed by the nobility or the church. The nobility and the church hired musicians and supported them, and the musicians dedicated their musical works (performances, conducting, composition, etc.) to them. Some of their employment contracts are still preserved today. In certain contracts, there are clauses that restrict freedom of movement, similar to past serfdom agreements.

Musicians who were bound to the nobility, church, and other institutions include the following figures.
Johann Sebastian Bach (1685–1750) worked as the music director for the church for 27 years and was restricted from leaving the city.

Franz Joseph Haydn (1732–1809) spent over 30 years as the court composer for a noble family and had to wear servant attire.

Wolfgang Amadeus Mozart (1756–1791) worked as a court musician employed by the Archbishop of the church, engaging in both performance and composition. Mozart later left his employment to pursue a freer musical career as an independent artist, but struggled with financial poverty. The cause of his financial struggles is often attributed to his excessive wastefulness.

Ludwig van Beethoven, unlike the others, was not initially a hired musician but rather an *independent musician* from the start of his career. He lived off the income generated from selling his music scores, performances, conducting, and other musical engagements. It is said that he left a significant inheritance to his nephew *Karl*, his only heir. In that sense, Beethoven is regarded as the first successful '*freelance musician'* in music history.

In a capitalist society, anyone can survive and thrive by acquiring economic skills through effort.

Labor is the stride through which I step into the world.

7

경쟁은 나를 단단하게 벼려내는 불꽃

Competition is the flame that
forges and refines me

경쟁이란 무엇인가?
What is Competition?

경쟁이란 같은 목적을 두고 서로 싸우거나 다투는 것을 말한다. 경쟁에서 이긴 개인이나 단체 · 집단은 목적 달성과 함께 그에 상응하는 자원 · 권력 등을 가질 수 있다. 경쟁에서 진 개인이나 단체 · 집단은 목적 달성 실패와 함께 그에 상응하는 자원 · 권력 등을 잃을 수 있다. 하지만 이것은 단순한 경쟁 전 · 후의 일시적이고 피상적인 결과만을 관찰할 때 나타나는 것이다.

인간의 삶 속에서 경쟁의 모습은 이보다 훨씬 복잡하고 다양한 결과와 의미가 있다. 경쟁하는 동안 경쟁 대상이 바뀌고 안 보이기도 하며 때로는 불분명할 경우가 있다. 경쟁하는 동안 경쟁 방식이 바뀌거나 경쟁의 양태 자체가 변화할 때도 또한 있다. 삶 속에서 일어난 어떤 경쟁의 원인과 결과란 것도 세월의 흐름에 따라 정반대의 의미로 보일 수 있다.

Competition refers to the *act of contending or struggling against others with the same goal in mind.* Individuals, organizations, or groups that win a competition can achieve their goal and gain corresponding resources or power. On the other hand, those who lose may fail to achieve their goal and lose access to such resources or power. However, this view reflects only the temporary and superficial outcomes observed before and after the competition.

In human life, the nature of competition is far more complex and encompasses a wide range of outcomes and meanings. During the course of competition, the object of competition may change, become invisible, or remain unclear. The methods of competition—or even the very form of competition itself—may also shift as it unfolds. Moreover, the cause and outcome of a particular competition in life may take on completely opposite meanings over time.

자연 속 경쟁
Competition in Nature

지구상 모든 생명체는 자연이 때에 따라 제공하는 제한된 생존 자원을 얻기 위해 최선을 다하고 있다. 이는 생존을 위해 최선을 다한다는 의미와 동일하다. 동일하거나 유사한 생물종 간에는 적자생존의 방식이 존재한다. 즉, 주어진 자연환경에 적응한 생물종은 살아남아 번식하고 그렇지 못한 생물종은 멸종하게 된다.

먹이사슬로 연결된 야생의 포유류 동물에서는 먹잇감과 포식자가 있어 적**자생존(약육강식)**의 현장을 볼 수 있다. 그러나 포식자의 대부분은 그들의 생존에 필요한 만큼의 먹잇감만을 취한다. 그들에게는 생존 자원의 반대 개념인 잉여 자원의 개념이란 존재하지 않아 보인다. 야생의 많은 포유류 동물에게는 생존 자원을 위한 경쟁 못지않게 번식을 위한 경쟁도 중요하다. 또한 돌고래 같은 동물은 단체로 협력하여 먹이 사냥을 하는데, 이는 인간 사회의 모습과 유사하다.

넓은 의미에서 자연 속 모든 생물은 생존을 위해 경쟁한다고 말할 수 있다. 그것은 인간이 이해하는 '싸우고 다투는 경쟁'이 아닌 주어진 자연환경에서

'생존하려는 경쟁'이다.

식물도 생존경쟁에서 살아남으면 성장과 증식을 할 수 있고 그렇지 않으면 그 반대의 결과를 얻는다. 울창한 숲에 자라는 나무는 태양에너지 확보를 위해 부피 성장보다는 길이 성장에 더 집중한다. 따라서 울창한 숲에는 키가 높은 나무들이 상대적으로 많다. 한편 초원 지대 주변에 간간이 있는 나무들은 키가 작은 대신 줄기가 굵으며 가지가 넓게 퍼져있다. 이는 태양에너지를 최대한 많이 받는 방향으로 성장한 결과이다.

곤충은 지난 3억 년에 걸친 화산 폭발, 빙하기, 소행성 충돌 등의 환경에도 생존경쟁에서 살아남았다. 그 이유로는 몸집이 작아지고 날개가 생기는 등 생존에 유리한 방향으로 진화를 거듭했기 때문이다. 이러한 결과로 곤충은 현재 100만 종 이상 생존하고 있고, 이는 동물 개체수의 80% 이상을 차지한다.

All living organisms on Earth strive to secure the limited survival resources that nature provides intermittently. This is, in essence, equivalent to doing everything possible to survive. Among identical or closely related species, the principle of survival of the fittest applies: those who adapt to their natural environment survive and reproduce, while those who fail to adapt face extinction.

When looking at mammals connected through the *food chain*, we can observe the harsh reality of *survival of the fittest, with prey and predators*. However, most predators take only as much prey as is necessary for their survival. For them, the concept of surplus resources—as opposed to survival resources—seems to hold no meaning. For many wild mammals, competition for reproduction is just as important as competition for survival. Additionally, animals like dolphins hunt cooperatively in groups, a behavior that resembles certain aspects of human society.

In a broad sense, all living organisms in nature are competing for survival. *This is not 'competition in the sense of fighting or struggling' as humans understand it, but rather a 'competition to survive' within the given natural environment.*

If plants overcome the competition for survival, they can grow and reproduce; if not, the opposite occurs. Trees growing in dense forests tend to focus more on vertical growth rather than bulk growth in order to secure sunlight. As a result, tall trees are relatively more common in thick forests. Meanwhile, trees scattered across grasslands tend to be shorter, but they have thicker trunks and wider branches. This growth pattern is a result of maximizing their exposure to solar energy.

Insects have survived environmental challenges such as volcanic eruptions, ice ages, and asteroid impacts over the past 300 million years. The reason is that they have continuously evolved in ways favorable to survival, such as becoming smaller in size and developing wings. As a result, there are now over 1 million species of insects, accounting for more than 80% of all animal species.

경쟁의 목적
The Purpose of Competition

인간이 경쟁하는 목적을 개인 차원에서 보면 크게 두 가지의 관점으로 관찰할 수 있다.

첫째, 개인은 생존을 위하여 경쟁하는 것이며, 이는 자연적·생물학적 경쟁으로 이해될 수 있다.

둘째, 개인은 자신의 삶을 영위하기 위해 경쟁하는 것이며, 이는 사회적 경쟁이라 할 수 있다.

생물학적 경쟁은 한정된 자원 환경하에서 자신이 생존하고 자신과 닮은 후손을 남기기 위해 행해진다. 이러한 경쟁은 우리의 삶 속에서 **먹고 사는 문제**의 해결과도 같은 맥락이라 할 수 있다. 먹고사는 문제는 **인간 본능**일 수 있으며 이 경쟁의 결과는 비교적 분명하게 이해될 수 있다. 개인이 생물학적 경쟁 목표를 달성하고 받을 수 있는 보상(자원)은 누구나 인정할 수 있는 수준이다.

자본주의 사회에서 살아가는 개인은 생물학적 경쟁을 위해 다음과 같은 사항을 생각할 수 있다. 개인은 화폐(돈)로 교환 가능한 자신의 육체적·지적 노동능력을 항시 보유하여야 한다. 즉, 자신이 경제적 생산자 그룹에 속할 수 있도록 노력하여야 한다. 또한 개인은 경제적 노동능력이 사라질 수 있는 노년을 위해 적절한 부를 축적해 두어야 한다.

유럽에서 태동한 근대 자본주의 경제체제는 생산에 필요한 인간 노동력을 줄이는 방향으로 발전하고 있다. 산업혁명의 결과는 생산에 필요한 인간의 육체노동을 기계가 대신하였고, 최근 인공지능(AI)이 발달함에 따라 기계가 인간의 지적 노동을 대신하고 있다. 즉, 자본주의 경제체제하에서 경제적 생산자 그룹의 양적 크기는 점점 줄고 있고, 경제적 소비자 그룹은 상대적으로 더 커지고 있다. 이를 개인 차원에서 보면, 자신의 노동을 대가로 돈을 벌 수 있는 기회가 줄고 있음을 뜻한다. 또한 기술문명과 문화의 교류는 개인이 소비하는 물질과 서비스의 양이 줄지 않고 오히려 증가하는 방향으로 가고 있다. 따라서 개인은 자신이 원하는 소비 능력에 걸맞은 생산능력을 가질 수 있도록 노력하여야 한다.

사회적 경쟁은 개인이 스스로 목표하고 성취하며 만족할 수 있는 인생을 위해 경쟁하는 것을 말한다. 사회적 경쟁은 많은 경우 잉여 자원을 두고 나타나는 경쟁을 의미하기도 한다. 사회적 경쟁 상대는 타인·타조직·타문화와 함께 과거·현재·미래의 자기 자신이 될 수 있다. 사회적 경쟁은 인생에 대한 자신의 철학과 목표에 따라 천 개의 얼굴과 천 개의 의미가 있을 수 있다. 또한 사회적 경쟁은 자신이 만든 사회관계망과 깊이 연결되어 나타난다.

사회적 경쟁 목표를 달성한 개인이 받게 되는 보상이 탐욕과 만나면 때때로 사회적 비난을 받는다. 이러한 경쟁의 크기와 깊이는 자신이 삶을 이해하고 바라보는 인생철학과 깊은 관련이 있다. 경쟁이 심한 사회에서 나타나는 부정적인 시각은 이러한 사회적 경쟁의 과열 현상에 기인할 때가 많다.

사회적 경쟁의 양상은 주어진 사회환경 변화뿐 아니라 자신의 인식 변화에 따라 항상 달라질 수 있다. 사회적 경쟁에서 밀려났다고 여기는 사람 중에는 생물학적 경쟁마저도 포기하는 사람도 있다. **사회적 경쟁과 생물학적 경쟁은 그 목표하는 바가 다르다는 것을 이해할 필요가 있다.** 인간이 동일한 노동을 통해 생존 자원을 확보하고 동시에 사회적 경쟁을 하는 것은 바람직하다. 만일 그렇지 않다면, 생존 자원의 확보가 우선 필요하며 사회적 경쟁은 그다음이라 할 것이다.

사회적 경쟁의 밝은 면에 주목하고 어두운 면을 피하려는 노력은 개인의 삶 전체에서 중요할 수 있다. 사회적 경쟁의 장점을 개인적 관점에서 살펴보면 다음과 같다.
- 개인은 자신의 사회적 경쟁력을 키우기 위해 끊임없이 노력한다.
- 이러한 노력으로 얻은 결과는 새로운 동기부여가 되고 새로운 노력을 창출한다.
- 개인은 자신이 얻은 사회적 경쟁력을 활용하여 자신이 속한 단체·조직을 발전시킬 수 있다.
- 개인 저마다 이룬 이러한 발전이 모이면 사회 전체의 발전을 도모할 수 있다.

From an individual's perspective, the purpose of human competition can be broadly observed in two main ways.

First, individuals compete for survival, which can be understood as a natural or biological form of competition.

Second, individuals compete to lead and maintain their lives, which can be regarded as a form of social competition.

Biological competition takes place in environments with limited resources, where individuals strive to survive and pass on their genetic traits to future generations. This form of competition is closely related to the basic struggle to *secure food and sustenance in daily life.* The issue of survival and sustenance may be considered a *human instinct*, and the outcomes of such competition are relatively easy to understand. The rewards (resources) gained by individuals who succeed in biological competition are generally recognized and accepted by others.

In a capitalist society, individuals must consider the following factors to engage in biological competition: They must continuously maintain their physical and intellectual labor capabilities, which can be exchanged for money. In other words, individuals should strive to belong to the group of economic producers. Furthermore, individuals must accumulate appropriate wealth for their old age, when their economic labor capabilities may decline.

The modern capitalist economic system that originated in Europe has been developing in a direction that reduces the human labor required for production. *As a result of the Industrial Revolution, machines replaced the physical labor needed for production, and the recent advancement of artificial intelligence (AI) has led machines to replace intellectual labor as well.* In other words, under the capitalist economic system, the size of the economic producer group is gradually shrinking, while the economic consumer group is relatively expanding. From an individual's perspective, this means that opportunities to earn money through their labor are decreasing. Furthermore, the exchange of technological civilization and culture is not leading to a reduction in the quantity of material and services consumed by individuals, but rather to an increase. Therefore, *individuals must strive to possess production capabilities that align with their desired consumption abilities.*

Social competition refers to the *competition an individual engages in to set goals, achieve those goals, and find satisfaction in life.* In many cases, social competition also involves the competition for surplus resources. The competitors in social competition can be other people, other organizations, other cultures, or even one's past, present, and future self. Social competition can take on thousands of faces and thousands of meanings, depending on an individual's philosophy and life goals. Additionally, social competition is deeply connected to the social network the individual has created.

When the rewards an individual receives for achieving goals in social competition meet greed, they sometimes face public criticism. The scale and depth of such competition are closely related to one's philosophy of life and one's understanding and view of it. In societies with intense competition, negative perceptions often stem from the overheating of such competition.

The dynamics of social competition can shift not only due to changes in the social environment but also as a result of changes in one's perception. Some individuals who feel they have fallen behind in social competition may even give up on biological competition altogether. *It is important to understand that social and biological competition pursue different goals.* It is desirable for humans to secure survival resources through the same labor while simultaneously engaging in social competition. If this is not possible, *securing survival resources should take priority, with social competition coming afterward.*

Focusing on the positive aspects of social competition and striving to avoid its negative aspects can be important throughout an individual's life. When considering the advantages of social competition from a personal perspective, the following points stand out:

- *An individual continually works to improve their social competitiveness.*
- *The results of these efforts serve as new motivation, leading to further efforts.*
- *An individual can leverage their social competitiveness to contribute to the development of the group or organization they belong to.*
- *When the progress made by each individual is combined, it can lead to the advancement of society as a whole.*

경쟁의 실제
The Reality of Competition

　개인이 삶 속에서 만나는 경쟁의 실제 모습은 천 개의 얼굴과 천 개의 의미가 있다. 경쟁의 양상은 자연의 변화하는 모습과도 같으며, 세월 따라 변화하는 자신의 인식과도 흡사하다. 경쟁에 관한 모든 것은 변하며 고정된 것은 아무것도 없다는 지혜를 가지는 것이 중요하다. 변화무쌍한 경쟁을 만나고 겪으며 또 이를 헤쳐나가는 모습은 가치 있는 삶 그 자체라고 할 수 있다. 개인은 자신의 삶 속에서 만나는 경쟁의 목표와 그에 상응하는 가치를 항상 되새김하며 살아야 한다.

　자본주의 사회에서 개인이 생물학적·사회적 경쟁을 통해 가질 수 있는 외형적 보상에는 부와 권력이 있다. 부와 권력은 생물학적 생존과 가치 있는 삶의 기반을 제공할 수 있다. 이는 가치 있는 삶의 기초를 제공하는 것일 수는 있으나, 가치 있는 삶 자체를 제공한다는 것이 아니다. 개인은 자신의 삶을 준비하여 부모로부터 생활·경제·사회에 대한 독립을 하면서 가치 있는 삶을 만드는 것이다. 부와 권력의 양적·질적 양태는 가치 있는 삶의 자원일 수는 있으나 작품이 되지는 못한다.

The true nature of competition that an individual encounters in life takes on thousands of forms and meanings. Its character resembles the ever-changing face of nature, evolving constantly—much like one's perceptions over time. It is important to understand the wisdom that everything related to competition is subject to change, and nothing remains fixed. Facing, experiencing, and overcoming the shifting nature of competition can be seen as the essence of a meaningful life. *Individuals should continually reflect on the goals of the competitions they face and the values associated with them.*

In a capitalist society, the rewards an individual can gain through biological and social competition include wealth and power. These can provide the foundation for biological survival and a meaningful life. However, while they may lay the groundwork for such a life, they do not themselves constitute it. A meaningful life is created by the individual through preparation and by gaining independence in living, finances, and social engagement from their parents. *The quantity and quality of one's wealth and power may serve as resources for a meaningful life, but they do not, in themselves, embody it.*

신화 속 경쟁
Competition in Myth

고대 그리스 시인 헤시오도스의 서사시 「노동과 나날 (Works And Days)」에서는 이런 글을 전하고 있다.

제우스 신은 상반되는 성격의 두 여신 '에리스'를 두었다고 한다.

첫째 에리스는 사악하여 증오와 투쟁, 분쟁과 전쟁을 조장하였다.

둘째 에리스는 선하여 투쟁과 전쟁 대신 질투와 경쟁을 조장하였다.

제우스는 에리스의 선한 부분을 대지의 품속에 한 그루의 나무로 만들어 심어 인간들에게 많은 구원을 얻도록 허락하였다.

그의 서사시는 이렇게 노래하고 있다. '인간들은 경쟁을 통해 발전한다.'라고.

The ancient Greek poet *Hesiod*'s epic 「*Works and Days (Ἔργα καὶ Ἡμέραι)*」 conveys the following story:

Zeus is said to have created two goddesses of opposing natures, both named 'Eris' (Strife).

The first Eris was wicked, inciting hatred, conflict, disputes, and war.

The second Eris was benevolent, promoting rivalry and competi-

tion instead of fighting and war.

Recognizing the good aspect of this Eris, Zeus allowed her to be planted as a tree in the bosom of the earth so that humanity could find great salvation through her.

His epic conveys the notion: *'Humans progress through competition.'*

철학자 니체
Philosopher Nietzsche

철학자 니체는 고대 그리스 비극(문화)에 관한 학문적 연구를 하고 다음과 같이 말했다. 그리스 비극은 다음 두 가지 근본 충동의 경쟁이자 타협이다.

첫째는 형식, 확고한 윤곽, 밝은 꿈, 개성 등으로 표현되는 아폴론적인 (공적) 인간으로서의 삶이다.

둘째는 해체, 열광, 황홀, 광란 등으로 표현되는 디오니소스적인 (사적) 인간으로서의 삶이다.

아폴론적인 것은 타인과 구별되는 개인을 향하지만, 디오니소스적인 것은 개인적 제한을 뛰어넘는다.

그는 그가 살던 당시 19세기 유럽 사회가 아폴론적이지도 디오니소스적이지도 않았다고 보았다. 그는 독일-프랑스 제국주의 전쟁(1870)에 참여하였고, 위생병이 되어 전상자를 처리하고 치료하였다. 그는 전쟁의 와중에도 철학적 사색을 통해 삶의 비극적 모습의 심연을 이루는 3가지를 발견하였다. 그것은 광기, 의지 그리고 고통이었다. 그는 유럽 사회에 퍼진 제국주의의 호전성과 잔혹함이 전쟁이 아닌 **경쟁**으로 승화될 수 있다고 믿었다. 왜냐하면 경쟁은 정치나 사회생활 혹은 예술에서 늘 벌어져 왔기 때문이다.

니체는 경쟁에 관해 다음과 같은 견해를 가졌다.

이 두 번째 여신(에리스)은 가장 서투른 사람들까지도 일터(경쟁의 장)로 보낸다…. 재산이 없는 사람은 부유한 사람을 주의 깊게 바라보고는 같은 방식으로 씨를 뿌리고 재배한다…. 이웃은 부유해지려고 애쓰는 또 다른 이웃과 서로 경쟁하게 된다…. 이러한 에리스 여신은 인간에게 유익하다.

니체는 인간이 근력과 정신이 있듯이 사회도 특권계급이 있고, 이 계급이 새로운 세계를 생산할 수 있도록 도움을 주는 일손(일반 계급)이 필요하다고 보았다. 하지만 그는 특권계급의 존재 목적이 있다고 보았으나, 그것이 세습되어서는 안 된다고 하였다. 그는 사회적으로 공정한 경쟁을 통해 (특권) 계급으로의 이동을 보장해야 한다고 하였다. 경제적 가난함이 개인적·사회적 수치심을 일으키는 인간 사회가 되어서는 안 될 것이다.

니체는 현존재를 위한 투쟁 사상이란 생존 투쟁이 아니라 극복 투쟁이 되어야 한다고 역설하였다. '우리는 한 걸음 한 걸음 앞으로 나갈 때마다 아직 '우연(모름)'이라는 거인과 투쟁하고 있다.'라고. '하지만 인간이 (스스로) 만들어 내는 유례없는 고통 때문에 몰락하는 일이 없도록 하여야 한다.'라고. '극복 투쟁은 자신과의 사회적 경쟁이며 자신의 과거·현재와 투쟁하고 승리하여 미래로 나아가는 것'이라 말한다.

Philosopher Nietzsche, through his scholarly study of ancient Greek tragedy and culture, stated the following: Greek tragedy represents a competition and compromise between two fundamental impulses.

The first is the Apollonian (public) aspect of human life, expressed through form, clear outlines, luminous dreams, and individuality.

The second is the Dionysian (private) aspect of human life, expressed through dissolution, ecstasy, enthusiasm, and madness.

The Apollonian impulse leads toward individuality, distinguishing one person from another, while the Dionysian impulse transcends personal boundaries.

He believed that the 19th-century European society he lived in was neither Apollonian nor Dionysian. He participated in the Franco-Prussian War (1870) and served as a medic, tending to and treating the wounded. Even amid the chaos of war, through philosophical contemplation, he identified *three elements at the core of life's tragic nature: madness, will, and suffering.* He believed that the militaristic and brutal imperialism spreading across European society could be sublimated into *competition* rather than war—because competition had always existed in politics, social life, and art.

Nietzsche had the following view on competition:

This second goddess (Eris) drives even the most unskilled individuals into the workplace—the field of competition⋯. Those without wealth closely observe the wealthy and then plant and cultivate in the same manner···. Neighbors compete with one another, striving to attain wealth···. This goddess Eris, Nietzsche believed, is beneficial to humanity.

Nietzsche believed that just as individuals possess both physical strength and intellect, society also consists of privileged classes that require the labor of the general populace to help create a new world. However, he argued that although these privileged classes serve a purpose, their status should not be hereditary. He emphasized that society must ensure the opportunity for individuals to rise into these classes through fair competition. Moreover, he believed that a *human society should never become one in which economic poverty leads to personal or social shame.*

Nietzsche emphasized that the philosophy of struggle should not center on mere survival, but on overcoming. He asserted that *'with every step forward, we engage in a battle against the giant of chance—the unknown.'* Yet he warned that *'humans must not fall as a result of the unprecedented suffering they themselves create.'* *'Overcoming struggle, according to Nietzsche, is a social competition with oneself—fighting and triumphing over one's past and present in order to progress into the future.'*

음악가 베토벤
Musician Beethoven

음악가 베토벤은 오랜 세월 동안 물질적 가난과 병마에 시달렸다. 젊어서부터 얻은 귓병과 더불어 신경통, 복통, 황달 그리고 결막염까지 그를 계속하여 괴롭혔다. 하지만 그는 초인적인 분투와 노력으로 고난을 극복하고 자신에 대한 극복 투쟁을 이겨낸 사람이었다. 그는 말했다. '음악 속에는 인생의 고난을 만나면서 이를 극복하는 세 가지의 외침이 있다. 그것은 바로 몸부림치는 긍지, 극기하는 인내 그리고 정신의 승리이다.'라고.

사람들은 베토벤을 근대 예술의 가장 영웅적인 힘이라고 말한다. 사람들은 베토벤을 자기의 운명과 고뇌를 극복한 승리자라 칭송한다. 사람들은 베토벤을 우리가 소외되고 비참하며 서글퍼할 때 우리 곁에 와 주는 사람이라 말한다. 사람들은 베토벤을 아직도 기억하고 있다. 어떤 어머니가 사랑하는 자식을 잃고 슬픔에 잠겨 있을 때 말없이 다가와 피아노곡(**장엄미사곡**)으로 그녀를 위로했던 베토벤을. 사람들은 비참했던 일상생활 속에서도 위대한 예술가로 살았던 베토벤을 영원히 기억할 것이다.

Musician Beethoven suffered from material poverty and illness for many years. From a young age, he was afflicted by ear problems, neuralgia, abdominal pain, jaundice, and conjunctivitis—ailments that continuously tormented him. Yet, through superhuman effort and perseverance, he overcame these hardships and triumphed in his struggle to transcend himself. He once said that *'music contains three cries that reflect the struggles of life and the process of overcoming them: the defiant pride of struggle, the patient endurance of self-restraint, and the ultimate triumph of the spirit.'*

Beethoven is often regarded as the most heroic force in modern art. He is celebrated as a victor who overcame fate and suffering. People say that Beethoven stands beside us in times of alienation, sorrow, and despair. He is remembered as the one who silently approached a grieving mother who had lost her beloved child, offering comfort through his music—such as his *Missa Solemnis. Beethoven remains in our memory as a great artist who endured the harshest realities of life, yet continued to live and create with unwavering greatness. He will be remembered forever.*

할비(할아버지) 생각
Grandfather's Thoughts

　20세기 유럽 사회를 풍미했던 복지국가의 기치는 21세기를 맞으면서 쇠락의 길로 접어들었다. 개인을 교육하고 보호하며 삶의 수단과 그 가치를 제공하는 단체(사회·국가)의 능력은 한계를 맞았다. 이제 개인은 스스로 삶의 수단과 가치를 발견하고 이를 성취하려는 의지를 가져야 한다. **삶에서 직면하는 경쟁에는 타인과의 경쟁보다 자신과의 경쟁이 더욱 중요하다.** 경쟁을 통해 우리는 스스로 삶의 수단과 그 가치를 발견하고 기꺼이 성취하려는 의지를 가질 수 있다.

　현존재를 위한 경쟁(투쟁) 사상에는 생존 경쟁(투쟁)과 극복 경쟁(투쟁)이 함께 포함되어 있다. 생존 경쟁은 극복 경쟁을 위한 선결과제이다. **생존 경쟁을 넘어 극복 경쟁에서 이기게 되면 자기 삶의 목표를 성취하게 된다.** 이는 철학자 니체의 초인 사상과 일치한다.

경쟁은 나를 단단하게 벼려내는 불꽃이다.

The welfare state, which once flourished in 20th-century European society, began to decline with the arrival of the 21st century. The ability of institutions—both society and the state—to educate, protect, and provide individuals with the means and values for life had reached its limits. Now, individuals must discover their own means and values for living and find the will to achieve them. *In the competition one faces in life, competing with oneself is often more important than competing with others.* Through competition, we can uncover the means and values of our lives and develop the will to pursue them willingly.

The philosophy of competition (or struggle) for existence encompasses both the struggle for survival and the struggle for self-overcoming. Survival competition is a prerequisite for the latter. *Once one transcends mere survival and triumphs in the struggle for overcoming, they realize the purpose of their own life.* This concept aligns with philosopher Nietzsche's *idea of the Übermensch (Overman).*

Competition is the flame that forges and refines me.

8

철학은 나와 내 인생을 비추는 등불

Philosophy is the guiding light that illuminates me and the path of my life

철학이란 무엇인가?

What is Philosophy?

철학이란 자신과 자신을 둘러싼 세계를 이해하는 데 도움을 주는 지식 또는 지혜를 말한다. 철학은 **지혜에 대한 사랑**이란 어원을 가지고 있다. 지구상 생명체 중에서 철학이란 개념을 이해하는 생명체로는 인간이 유일하다는 것이 정설이다. 철학은 인간 삶 전체를 관통하며 **생로병사**에 대한 궁극적인 질문까지도 포함한다. 인간의 삶이 저마다 다른 것처럼 그 삶에 담긴 철학도 저마다 다르게 나타난다.

우리가 철학을 가까이하는 방법은 다음과 같은 지적인 질문에 대한 답을 구하려 노력하는 것이다. '나는 누구인가?', '자연이란 무엇인가?', '인생이란 무엇인가?'와 같은 질문에 답하려는 것이다. 철학적인 삶의 도구에는 관심, 질문, 관찰, 분석, 탐구, 성찰 등이 있을 수 있다. 자기 삶에서 철학을 더하면 보다 진지하고 가치 있는 삶에 다가설 수 있다. 자기 삶에서 철학을 빼면 그 반대의 삶에 머무를 가능성이 크다.

Philosophy refers to the knowledge or wisdom that helps us understand ourselves and the world around us. The word philosophy originates from the term meaning *love of wisdom*. It is widely accepted that among all life forms on Earth, humans are the only beings capable of understanding the concept of philosophy. Philosophy permeates the entirety of human life and includes fundamental questions about *birth, aging, illness, and death.* Just as every human life is different, the philosophy embodied in each life also appears in its own unique way.

One way we can bring philosophy closer to our lives is by seeking answers to intellectual questions such as: *'Who am I?', 'What is nature?', and 'What is the meaning of life?'* The tools of a philosophical life may include curiosity, questioning, observation, analysis, exploration, and reflection. Incorporating philosophy into one's life can lead to a more thoughtful and meaningful existence. Without philosophy, there is a greater likelihood of remaining in a life that lacks such depth and value.

나는 누구인가?
Who am I?

지금까지 살았거나 살고 있는 많은 성현 또는 지혜로운 사람들이 늘 우리에게 던진 질문이 있다. 그것은 바로 '나는 누구인가?'이다. 그러나 이러한 질문에 확신을 가지며 대답을 할 수 있는 사람은 거의 없을 것이다. 나도 마찬가지이다. 그들은 우리에게 답을 강요할 목적으로 그런 질문을 하는 것이 아닐지 모른다. 다만 그들은 우리가 이런 질문을 늘 마음에 품고 우리의 인생을 성찰하며 살기를 바라는 마음으로 그런 것일지 모른다.

어린아이가 어른으로 성장하면 그가 가지는 지식과 지혜의 크기 그리고 깊이도 이에 걸맞게 성장한다. '나는 누구인가?'라는 질문에 대한 답을 한다면, 그것은 한 인간이 가진 지식과 지혜의 크기 그리고 깊이에 따라 달라질 것이다.

어릴 적 나에게 던진 질문: '나는 누구인가?'

왕성한 사회생활 가운데 나에게 던진 질문: '나는 누구인가?'

사회생활을 은퇴하고 노년에 된 나에게 던진 질문: '나는 누구인가?'

아마 지구상 모든 사람이 각자의 인생 이야기를 섞으며 이에 대답할 것이다. '나는 누구인가?'라는 질문에 대한 수십억 개의 서로 다른 답. 그러나 이러한 답들을 두 가지 종류로 나누어 보면 다음과 같을 것이다. 살면서 자신과 자신의 인생에 대해 성찰했던 사람들의 답 그리고 그렇지 않았던 사람들의 답.

자신과 자신의 인생을 성찰하며 '나는 누구인가?'에 대한 답을 구하려 행동하는 것이 철학이다.
'나는 누구인가?'에 대한 과거의 답, 오늘의 답 그리고 내일의 답이 달라짐을 아는 것이 철학이다.
또한 '나는 누구인가?'에 대한 답들의 의미와 가치가 서로 연결되어 삶을 이끌고 간다는 것을 아는 것이 철학이다.

There is a question that many sages and wise individuals—both past and present—have consistently posed to us:
'Who am I?' Yet few people can answer this question with confidence, and I am no exception. Perhaps these individuals do not ask this question to demand an answer from us. Rather, they likely intend for us to carry it in our hearts, using it as a means of deep reflection as we go through life.

As a child grows into an adult, the breadth and depth of their knowledge and wisdom grow accordingly. If one were to answer the question, *'Who am I?'*, the response would vary depending on the size and depth of that individual's knowledge and wisdom.

The question posed to me in childhood: 'Who am I?'

The question posed to me during the height of my professional life: 'Who am I?'

The question I ask myself in old age, after retiring from society: 'Who am I?'

Perhaps every person on Earth would answer this question in their own way, blending it with the story of their life—billions of different answers to the question, *Who am I?* Yet, if we were to categorize all those answers into just two types, they might fall into these groups: those who have reflected deeply on themselves and their lives—and those who have not.

To reflect on oneself and one's life, and to seek an answer to the question *'Who am I?'* through action—that is *philosophy*.

To recognize that the answer to *'Who am I?'* changes from the past to the present, and again in the future—that is *philosophy*.

And to understand that the meanings and values of those answers are interconnected and guide the course of one's life—that, too, is *philosophy*.

자연이란 무엇인가?
What is Nature?

자연이란 일반적으로 자신이 인식하고 있는, **자신을 둘러싼** 세계를 관념적으로 부르는 말이다. 자신의 의식과 인식 가운데 존재하는 세계를 이루는 물질을 자연이라 말할 수 있다. 인간을 제외한 혹은 인간의 영향을 제외한 주변 세계를 또한 자연이라 부르기도 한다. 자연은 '(그들) **스스로 존재한다.**'라는 의미의 어원을 가지고 있다.

인간도 **자연의 한 산물**이다. 인간은 우주의 한 별(태양)의 주위에 있는 한 행성(지구)에서 존재하는 수많은 생명체 중의 하나이다. 인간은 지구에 존재하는 물질로 만들어졌으며 생로병사의 생물학적 생성과 소멸을 반복한다. 우리가 자연의 존재를 인식하고 그 원리를 이해하면 우리의 존재와 삶의 가치를 보다 깊이 바라볼 수 있다. 이러한 정신을 바탕으로 **자연철학**이 발생하고 발전하여 지금에 이르고 있다. 오늘날 우리 삶의 중요한 바탕을 제공하고 있는 과학기술문명의 모체는 바로 **자연철학**이다.

Nature is generally an abstract term used to refer to the *world surrounding an individual* as it is perceived. It can be said that nature consists of the matter that exists within one's consciousness and perception. The world around us—excluding humans or the influence of human activity—is also often referred to as nature. Etymologically, the word nature comes from a root meaning that *'which exists by itself.'*

Humans are also a product of nature. We are one among countless life forms that exist on a planet (Earth) orbiting a star (the Sun) in the vast universe. Humans are composed of matter found on Earth and undergo the biological cycle of birth, aging, illness, and death. By recognizing the existence of nature and understanding its principles, we can gain deeper insight into the meaning and value of human life. Rooted in this awareness, *natural philosophy* emerged and evolved over time. Today, *natural philosophy* serves as the *foundation of the scientific and technological civilization* that shapes our modern lives.

인생이란 무엇인가?
What is Life?

인생이란 부모에게서 물려받은 생물학적인 삶을 자연에 의해 소멸할 때까지 사는 것을 말한다. 내가 내 부모로부터 물려받은 삶을 나 스스로 살아가는 것을 나의 인생이라 말한다. 누군가가 그의 부모로부터 물려받은 삶을 살아가는 것은 그 누군가의 인생이 될 것이다. 한날한시에 태어난 일란성 쌍둥이에게도 각자의 독특한 삶이 있어 이 또한 다른 인생이 될 것이다.

인생은 연극의 처음 막 올림과 마지막 막 내림을 포함하는 전체의 연극 공연이라고 할 수 있다. 인생은 그림의 첫 스케치와 마감 사인을 포함하는 전체의 그림 작업과 같다. 인간은 저마다 다른 모양의 얼굴을 하고 살듯이 저마다 다른 의미와 가치를 지닌 인생을 산다. 나의 인생이란 삶에 대한 의미와 가치를 스스로 만들며 살아가는 인생을 말한다.

'나의 인생이란 무엇인가?'라는 물음은 '나는 지금 내 삶의 의미와 가치를 품으며 살고 있는가?'라는 물음과 같은 말이다.

Life refers to the *biological existence inherited from one's parents and lived until it naturally comes to an end.* When I live the life passed down from my parents in my own way, it becomes *my life.* When someone else lives the life inherited from their own parents, that becomes their life. Even identical twins born at the same time have unique lives of their own—each one is a completely different life.

Life can be seen as a complete theatrical performance—from the raising of the first curtain to the final curtain call. It is also like the process of creating a painting—from the first sketch to the final signature. Just as each person lives with a face uniquely their own, each one lives a life that carries its own meaning and value. *My life* refers to a *life in which one creates and lives out their own meaning and values.*

The question *'What is my life?'* is essentially the same as asking, *'Am I living with the meaning and value of my life in mind?'*

철학 하는 방법
How to Practice Philosophy

철학적으로 산다는 것은 거창한 그리고 찬란한 무언가를 내세우는 삶이 아니다. 좁은 의미로 보면, 그것은 하루하루를 아쉬움 없이 보람차게 보내는 것이다. 넓은 의미로 보면, 나의 과거, 현재 그리고 기대하는 미래를 의미와 가치로 연결하며 사는 것이다. 이를 위해 우리는 생각을 키울 수 있는 지식과 지혜를 배워야 한다. 즉, 글 읽는 방법을 배워야 한다. 또한 자기 생각을 글로써 표현하는 능력을 갖춰야 한다. 즉, 글 쓰는 방법을 배워야 한다. 한편, 자신에게 매일 다가오는 육체적, 정신적 긴장감을 줄일 수 있는 운동 또는 예술 활동이 필요하다.

Living philosophically is not about leading a grand or glorious life. In a narrow sense, it means *spending each day meaningfully and without regret.* In a broader sense, it involves *connecting my past, present, and expected future with meaning and value.* To achieve this, we must acquire knowledge and wisdom that can nurture thoughtful reflection. In other words, we must learn *how to read.* We must also develop the ability to express our thoughts clearly in writing. In other words, we must learn *how to write*. Furthermore, it is essential to engage in *activities like exercise or art* that help relieve the physical and mental tension we face every day.

철학자 니체
Philosopher Nietzsche

철학자 니체는 인간 삶의 심연을 다음 두 가지 측면에서 바라다보았다. 그 하나는 이른바 세계의 **소름 끼치는 파괴충동**이고, 다른 하나는 **자연의 잔인함**이다. 따라서 우리는 삶 속에서 환상을 품어서는 안 된다. 그러나 비록 삶이 허무함을 깨달았다고 할지라도 절대적으로 삶을 사랑해야 한다고 설파했다.

그는 과학기술문명이 우리를 지배하는 도덕과 계율에 영향을 주었다고 말했다. 자연적인 인과관계에 대한 인식이 늘어감에 따라 환상적이고 도덕적인 양심과 계율의 영역이 축소되었다. 그 예로 번개는 더 이상 신의 처벌로 여겨지지 않으며 우리의 양심에 부담을 주지 않게 되었다. 자연적인 인과관계의 발견으로 도덕적인 문제에서 불안함과 강제성이 조금씩 사라진 것이다.

또한 니체는 역사의 의미란 최대 다수의 행복과 번영이 아니라 개인적인 삶의 성공에 있다고 보았다. 타자에 대한 탐구를 통해서는 자연의 세계를 이해하고 이용할 수 있으며, 자신에 대한 성찰을 통해서는 자신의 세계를 이해하고 극복할 수 있다고 보았다. 그가 주창했던 초인 사상은 성취하는 사람 또는 극복하는 사람을 위한 사상이다.

　니체는 철학이란 자기 형성과 개조 그리고 자기 상승의 행위라고 규정하였다. 철학의 진정한 의미는 체계적이며 완결된 세계 해명이 아니라, 깨어있는 정신의 철학이라고. 이러한 철학을 움직이는 요소는 성찰, 관점의 변화, 관찰, 관념 등이며 결과보다 활동이 중요하다고. 그대는 누구와 더불어 가려는가? 그렇지 않으면 앞서가려는가? 혹은 자기 혼자 멋대로 가려는가? 사람은 자기가 하고 있는 일을, 그리고 자기가 무엇을 하고자 한다는 것을 알아야 한다.

　사람들은 자신의 과거에서 많은 것을 잊어 버리고, 더욱이 의도적으로 마음 밖으로 내쫓아 버린다. 그들은 (자신을 비추는) 거울을 깨어 버리는 행위에 스스로 눈감아 버린다. 그들은 그들이 존경하는 인격 속에 자기를 상상하여 조작함으로써 자아의 새로운 이미지를 즐기는 것이다. 그러므로 '너 자신을 알라.'라는 명제가 (이러한) 잘못을 어떻게 깨우쳐 주는 것인지 명백해진다.

　'항상 남에게 책임을 전가하는 사람은 아직 천민에 속한다. 항상 자기에게만 책임을 돌릴 때 그자는 진리의 궤도에 들어서 있는 것이다. 그러나 현명한 사람은 자기나 타인이나 누구에게도 책임이 없다고 본다.' 이것은 누구의 말인가? 2,000년 전 에픽테토스의 말이다. 그렇다면 사람들은 이 말을 듣기는 했으나 잊어버렸나? 아니다. 사람들은 이것을 듣지도 않았고 잊어버리지도 않았다. 그렇다면 에픽테토스는 이것을 자기 귀에 대고 말했던 것일까? 그렇다. 지혜는 고독한 자가 사람이 넘치는 시장에서 자기에게만 속삭이는 귓속말이다.

Philosopher Nietzsche viewed the abyss of human life from the following two aspects. One is the so-called *terrifying impulse of destruction in the world,* and the other is the *cruelty of nature.* Therefore, he believed that we should not harbor illusions about life. However, even when one realizes the emptiness of life, Nietzsche preached that one must still love life unconditionally.

He said that scientific and technological civilization has influenced the morals and precepts that govern us. As our understanding of natural causality has increased, the realm of fantasy, moral conscience, and traditional precepts has diminished. For example, lightning is no longer seen as a punishment from the gods, and it no longer weighs on our conscience. With the discovery of natural causality, anxiety and coercion related to moral issues have gradually diminished.

Nietzsche believed that the meaning of history lies not in the happiness and prosperity of the majority, but in the personal success of individuals. Through the exploration of others, one can understand and utilize the natural world, while through self-reflection, one can understand and overcome their own world. The *concept of the Übermensch* that he advocated is a philosophy for *achieving individ-*

uals or *those who overcome.*

Nietzsche defined philosophy as the *act of self-formation, reformation, and self-elevation.* The true meaning of philosophy lies not in a systematic and complete explanation of the world, but in the awakening of the mind. The driving forces of such philosophy are reflection, shifts in perspective, observation, and ideas—with the process being more important than the outcome. *Whom do you wish to walk with? Or do you wish to lead the way? Or would you rather go alone, doing as you please? A person must know what they are doing and what they intend to do.*

People forget much of their past—and even more often, they deliberately push it out of their minds. They turn a blind eye to the act of shattering the mirror that reflects their true selves. By imagining and reshaping themselves into the kind of person they admire, they take pleasure in a reinvented image of their ego. Thus, the proposition *'Know thyself'* becomes especially powerful in how it awakens them to these self-deceptions.

'Those who always shift responsibility onto others still belong to the lower class. When a person consistently takes responsibility for themselves, they are on the path of truth. However, the wise person

believes that neither they nor others are responsible for anything.' Whose words are these? They are the words of *Epictetus*, a philosopher from 2,000 years ago. So, have people heard and forgotten these words? No—people neither heard them nor forgot them. Did Epictetus speak these words into his own ears? Yes. Wisdom is the whisper that speaks to the solitary person in a crowded marketplace, belonging only to them.

음악가 베토벤
Musician Beethoven

음악가 베토벤이 남긴 자필 수첩의 메모에는 이런 글귀가 남아 있다.

하고 싶은 일을 할 수 있도록 하라….

(우선) 해야 할 일들을 하라….

그러나 하고 싶은 일에 대한 의지를 간직하라….

하고 싶은 일을 할 때가 있다….

하고 싶은 일에서 생의 가치를 가져라….

프랑스 작가 로맹 롤랑의 책 『베토벤의 생애』 서문에는 이렇게 쓰여 있다.

늙은 유럽은 탁하고 숭고하지 못한 물질주의가 만연해 있고, 더욱이 세계는 이기주의로 가득 차 있다.

사실 따지고 보면 어느 누군들 불행하지 않겠느냐?

하지만 베토벤은 스스로 선 이외에는 아무것도 탁월의 목표로 인정하지 않았다.

우리에게는 '성공'이 중요한 것이 아니라, (베토벤처럼 역경을 이겨낸) '위대함'이 참으로 중요하다.

The handwritten notes left by the musician Beethoven in his personal notebook include the following phrases:

Allow yourself to do what you want to do...

(First) do the things you must do...

However, keep the will to do what you want to do...

There will come a time to do what you want to do...

Find the value of life in what you want to do...

In the preface to the book 『*The Life of Beethoven*』 by French writer *Romain Rolland*, it is written:

Aging Europe is filled with murky, ignoble materialism, and the world is overflowing with selfishness.

In fact, when you think about it, who wouldn't be unhappy?

Yet Beethoven acknowledged nothing as a true aim of greatness except goodness itself.

What matters to us is not 'success,' but true 'greatness'—the kind that overcomes adversity, as Beethoven did.

할비(할아버지) 이야기
Grandfather's Reflections

나의 청소년 시기인 1970년대의 대한민국은 한국전쟁의 상처를 딛고 산업화의 길을 달리고 있었다. 농촌사회는 해체되고 농민들이 산업 노동자로 유입되면서 도시가 생기고 도시 빈민도 발생하였다. 나는 도시의 한 가난한 소시민의 가정에서 태어나 자랐다. 나는 고등학교 졸업 무렵 대학 진학을 앞두고서야 가난함이 나의 인생 방향을 바꿀 수 있음을 깨달았다. 나는 의과대학으로의 진학을 희망하였으나 이를 포기하고 공군사관학교에 진학하였다.

나는 공군사관학교 생도 시절인 21살의 나이에 처음으로 인간의 죽음에 대한 물음과 마주하게 되었다. 낙하산 강하 훈련 도중 항공기에서 나와 함께 뛰어내린 한 동기생의 낙하산이 펴지지 않았다. 그는 나와 친하였으며 그날 아침 항공기 탑승을 위해 이동하던 버스에서 나와 나란히 앉았다. 사고가 나던 당시 나는 무덤덤하였으나 시간이 얼마 지난 후에야 동기생의 떠나감을 온몸으로 느꼈다.

21살의 꽃다운 나이에 나는 나에게 이런 질문을 한 기억이 있다. 삶이란 무엇인가? 죽음이란 무엇인가? 그리고 나는 왜 나의 친구와 영원히 만날 수 없는가? 한동안 아무 말도 하지도 듣지도 않은 후에 나는 나에게 하였던 한마디 말이 있었다. '나는 내 친구의 인생 몫을 더해 2배의 인생을 살아야겠다.'라고. 지난 시절 한국에서 지내면서 내 삶 속 굵직한 일들이 있을 때마다 나는 그가 있는 동작동 국립묘지를 찾았다.

공군사관학교를 졸업하고 군 장교로 지내던 20대의 끝자락에서 인생의 방향을 바꾸는 모험이 있었다. 미국으로의 유학은 내 삶 속 굵직한 일들의 시작을 알리는 전령사가 되었다. 내 마음속 명함에는 이런 타이틀이 있다.
'항공기 조종사 · 정비사, 연구원, 대학교수 그리고 회사원'

나는 50대 초반의 이른 나이에 한국에서 대학교수직을 그만두었고, 가족 모두는 미국행에 올랐다. 그 중심에는 가족이 있었고 두 딸이 있었다. 나 자신만큼 소중한 두 딸의 미래를 두고 아내와 상의한 끝에 내린 결정은 다음과 같다. 내 딸이 원하는 교육 환경을 만들어 주자. 지금 나의 두 딸은 장성하여 모두 결혼하고 엄마가 되었으며 현재 미국에서 살고 있다.

나에게 철학이란 내 인생을 찾는 과정이지만 내 가족의 인생길을 밝혀주는 등불이 되기도 한다.
나에게 철학이란 가족의 역사를 만드는 도구이자 안내자가 되고 있다.
나에게 철학이란 과거보다 조금 더 나은 오늘을, 오늘보다 조금 더 나은 미래를 기대하는 설렘 같다.

직장 일을 하면서 미국 유학을 위해 시간을 아껴가며 책을 보았던 내 젊은 날의 시간. 유학을 마치고 돌아와 수행했던 여러 중요하고 가치 있었던 연구과제들. 대학교수 시절 연구실 중 가장 늦게 불이 꺼지던 나의 연구실. 공군사관학교 사관생도들을 지도하여서 참가한 국제 항공우주 논문대회에서 학부팀들 중 유일하게 입상했던 일.

나에게 철학이란 젊어 무언가에 도전하였다는 것, 가족에 대한 책임을 잊지 않았다는 것 그리고 가치 있는 무언가를 내 인생 바구니에 담으며 지나온 내 인생의 작은 안내 책자 같은 것이다.

철학은 나와 내 인생을 비추는 등불이다.

During my teenage years in the 1970s, South Korea was recovering from the scars of the Korean War and rapidly advancing on the path to industrialization. Rural society was breaking down, with farmers migrating to cities to become industrial workers, leading to the emergence of urban areas and the rise of urban poverty. I was born and raised in a poor, working-class family in the city. It wasn't until I was about to graduate from high school and prepare for college that I realized how poverty could change the course of my life. Although I had hoped to attend medical school, I gave up that dream and instead entered the Air Force Academy.

At the age of 21, during my time as a cadet at the Air Force Academy, I first confronted the reality of human death. During a parachute training exercise, one of my classmates—who had jumped from the aircraft alongside me—had his parachute fail to open. He was someone I was close to, and that morning, he had sat next to me on the bus as we rode together to board the plane. At the moment of the accident, I felt numb, but only after some time had passed did I fully grasp the loss of my classmate, feeling it with every part of my being.

At the tender age of 21, I vividly remember asking myself these questions: *What is life? What is death? And why can I never see my friend again?* After a period of silence, during which I neither spoke to nor listened to anyone, I found myself uttering one resolute statement: *'I will live twice the life for my friend.'* During my time in Korea, whenever significant events occurred in my life, I would visit the National Cemetery in Dongjak-dong where he rests.

At the end of my twenties, after graduating from the Air Force Academy and serving as a military officer, I embarked on an adventure that changed the direction of my life. Studying abroad in the United States became the starting point of many significant events in my life. In my heart, my business card carries these titles:

'Aircraft Pilot, Maintenance Engineer, Researcher, University Professor, and Company Employee'

In my early fifties, I made the decision to resign from my position as a university professor in South Korea and move to the United States with my entire family. At the heart of this decision were my wife and our two daughters. After much discussion with my wife about what would be best for their future, my wife and I came to a conclusion: *Let's create the educational environment our daughters want*. Now, my two daughters are grown, both married, and have become mothers. They currently live in the United States.

For me, philosophy is a journey of discovering my own life, but it also serves as a guiding light for my family's path.
Philosophy is a tool and a guide in shaping my family's history.
It is like the excitement of hoping for a slightly better today than yesterday, and an even better future than today.

The time of my youth, when I cherished every moment to study while working for my schooling in the U. S. The many important and valuable research projects I participated in after returning from my studies abroad. The research lab where the lights stayed on the latest among all the labs during my days as a university professor. The time when the Korea Air Force Academy cadets, whom I advised and guided, became the only undergraduate team to win at an international aerospace paper competition.

To me, philosophy is about having challenged myself in my youth, remaining mindful of my responsibilities to my family, and filling the basket of my life with something valuable—like a small guidebook for the journey I've traveled.

Philosophy is the guiding light that illuminates me and the path of my life.

9

문화는 나를 드러내는 내면의 옷
Culture is the inner layer that reveals who I am

문화란 무엇인가?
What is Culture?

문화란 한 사회가 습득하고 학습하여 전수되어 온 물질적·정신적 산물을 포괄적으로 이르는 말이다. 문화는 자연을 이용하는 방법·기술은 물론 정치·경제, 법·제도, 문학·예술, 도덕·풍습 등 사회적 활동의 많은 것을 포함하고 있다. 문화는 사회 구성원 대다수가 사회적 활동을 통하여 인정하고 수용하는 과정에서 형성된다. 문화는 시대, 환경, 풍습, 사회구조, 생활양식 등에 따라 지역적으로 고유하고 다양하게 발전해 왔는데 우리는 이를 **전통문화**라고 말한다.

개인적 관점에서 보는 문화는 한 사람이 입고 있는 내면의 (정신적인) 의복과도 같다. 의복은 신체를 보호하고 방어하는 기능뿐 아니라 인격과 품위를 표현하는 수단이 되기도 한다. 개인에게 있어서 문화는 내면의 인격과 품위를 표현하는 **'보이지 않는 의복'**과 같다. 개인 문화는 개인 삶의 철학과 이념을 자신 혹은 주변 사람들에게 알리는 수단이 된다. 개인 문화는 개인 인품의 다른 말이며 언어, 습관, 취향, 취미, 행동양식 등을 통해 발현된다.

인간은 어떤 경우든 전수된 문화의 영향 아래서 태어나 자라고 삶을 살며 또 삶을 마감한다. 개인은 전수된 문화 속에서 존재하나, 환경과 지식의 변화에 따라 새로운 문화를 수용할 수도 있다. **산업혁명과 디지털혁명**이 전 세계적으로 새로운 문화의 발생을 야기한 것은 널리 알려진 이야기이다. 또한 자본주의가 문화의 고급성과 저급성을 가리지 않고 **문화의 상품화**를 야기한 것도 사실이다.

기술문명과 자본주의의 발달로 인한 문화 교류 현상은 고유한 지역문화의 쇠퇴를 초래하기도 했다. 역사적으로 형성된 하나의 문화는 다른 문화를 만나 보다 융합된 문화로 발전하거나 혹은 쇠퇴·소멸하기도 했다. 20세기 이래 기술문명과 자본주의의 결합으로 많은 문화가 상품화되어 현재에 이르고 있다. 상품화된 문화는 대량으로 생산되고 또 대량으로 소비되는 과정에서 **대중문화**의 근간을 형성한다. 현대의 많은 사람들은 대중문화의 직접적인 영향 아래서 삶을 살아간다고 해도 과언이 아니다.

Culture refers broadly to the *material and spiritual products that a society has acquired, learned, and passed down.* It encompasses not only the methods and technologies used to harness nature, but also many aspects of social activity, including politics, economy, law, institutions, literature, art, morality, and customs. Culture is formed through a process in which the majority of a society's members recognize and accept it through social activities. Culture has developed uniquely and diversely according to era, environment, customs, social structures, and lifestyles—we refer to this as *traditional culture.*

From a personal perspective, culture is like an *inner (spiritual) clothing* that a person wears. Clothing not only serves to protect and defend the body, but also becomes a means of expressing one's character and dignity. For an individual, culture is like an *'invisible layer of clothing' that expresses inner character and dignity.* Personal culture becomes a way to convey one's philosophy and ideals of life to oneself or to those around them. Personal culture is another term for one's character, and it is manifested through language, habits, preferences, hobbies, and behavior.

Human beings are born, grow up, live, and eventually pass away under the influence of inherited culture in all circumstances. While individuals exist within inherited culture, they can also embrace new cultures in response to changes in environment and knowledge. It is well known that the *Industrial Revolution* and the *Digital Revolution* have triggered the emergence of new cultures worldwide. It is also true that capitalism has led to the *commodification of culture*, regardless of whether it is considered high (refined) or low (vulgar) culture.

The development of technological civilization and capitalism has led to cultural exchange, which in turn has caused the decline of unique regional cultures. Historically, a single culture, when encountering another, has either evolved into a more integrated culture or declined and disappeared. Since the 20th century, the fusion of technological civilization and capitalism has led many cultures to become commodified, a trend that continues to this day. Commodified culture, produced and consumed in large quantities, forms the foundation of *popular culture*. It is no exaggeration to say that many people today live under the direct influence of popular culture.

대중문화
Popular Culture

　대중문화는 대중매체가 만들어낸 그리고 대중이 누리는 문화를 말한다. 대중이란 말은 사회 구성원 대부분을 일반적으로 일컫는 말이다. 대중문화의 바탕에는 사회적 중산층의 문화적 욕구를 충족시켜 주는 산업적 생산물이 있다. 중산층은 일반적으로 의식주가 해결되고 여유 자산으로 여유로운 생활이 가능한 사회계층을 말한다. 중산층은 경제적인 산업화, 정치적인 민주화, 사회적인 공교육 등의 혜택에 힘입어 20세기 초에 등장하였다. 중산층을 주축으로 형성된 대중을 주요 소비 대상으로 한 상품화된 문화가 바로 대중문화이다.

　대중문화를 상품화하고 유통하여 경제적 이윤을 남기는 산업을 문화산업이라 한다. 대중은 문화산업의 생산물에 돈을 지급하고 이를 소비하는 형태로 대중문화를 누리고 있다. 대표적인 문화산업 상품에는 영화, 드라마, 오락, 음악, 스포츠, 유행 상품, SNS 등이 있다.

　이 때문에 대중문화는 시장가치를 통해 형성되고 자본주의 체제와 그 이념의 영향을 받게 된다. 문화산업은 대중이 지속적으로 대중문화를 소비할 수 있는 소비자로 머물러 있기를 바란다. 문화산업은 대중의 깊은 의식·성찰이 필요 없는 표면적 즐거움이 많은 대중문화의 상품화를 선호한다. 대중은 돈을 지급하고 대중문화를 소비하는 것이 자신의 행복을 충족시킨다는 인식에 매몰되기 쉽다.

문화산업은 돈으로 살 수 있는 문화상품의 생산을 선호하고 광고를 통해 이것을 의도적으로 조장한다. 이에 따라 오늘날 대중문화는 문화산업의 영향을 크게 받고 있다는 것이 사실이자 현실이다. 이러한 관계는 결국 대중문화가 문화의 하향평준화에 머무르는 요인으로 작용할 수 있다. 문화의 하향평준화란 의미 있고 가치 있는 의식·성찰은 부족한 채 표면적 즐거움이 지배적인 문화를 말한다.

Popular culture refers to the *culture created by mass media and enjoyed by the general public.* The term *the public* generally refers to the majority of members in a society. At the foundation of popular culture are industrial products that satisfy the cultural desires of the social middle class. The middle class typically refers to a social group whose basic needs—food, clothing, and shelter—are met and who can enjoy a comfortable life with surplus assets. *The middle class emerged in the early 20th century, thanks to the benefits of economic industrialization, political democratization, and public education.* Popular culture is the commodified culture targeted mainly at the public, with the middle class as its central consumers.

The industry that commodifies and distributes popular culture for economic profit is called the *cultural industry*. The public enjoys popular culture by paying for and consuming the products of the cultural industry. *Representative products of the culture industry include films, television dramas, entertainment shows, music, sports, fashion items, and social media (SNS) platforms.*

Because of this, popular culture is shaped by market value and is influenced by the capitalist system and its ideology. The cultural industry prefers that the public remain as consumers who continuously consume popular culture. *It favors the commodification of popular culture that provides superficial pleasures, requiring little deep thought or reflection from the public. The public is easily trapped in the belief that paying for and consuming popular culture fulfills their happiness.*

The cultural industry prefers to produce cultural products that can be bought with money and intentionally promotes this through advertising. As a result, it is both a fact and a reality that today's popular culture is heavily influenced by the cultural industry. This relationship can ultimately lead popular culture to remain at a *lowered standardization of culture.* A lowered standardization of culture refers to a culture dominated by superficial pleasures, lacking meaningful awareness and reflection.

대중문화 속 개인
Individuals in Popular Culture

현대 사회에서 개인은 대중문화의 영향 아래서 태어나고 성장하여 자기 삶의 행동양식을 형성한다. 대중문화가 주는 밝은 면 중에는 많은 사람들에게 문화적 혜택을 줄 수 있다는 것이 있다. 또한 대중문화는 때때로 많은 사람들에게 정신적인 위안과 삶의 활력을 줄 수도 있다. 하지만 대중문화의 많은 정책은 대중을 문화상품의 주된 소비자로 유지하려는 의도를 가지고 있다.

전통문화 혹은 **지역문화**는 지역사회의 역사적 전통과 정체성을 유지하는 데 중요한 토대를 제공한다. 전통문화는 또한 개인의 인품과 도덕성 형성에도 깊이 연관되어 있다. 현대 사회에는 전통문화의 영향이 줄어든 대신 대중문화의 광범위한 영향력이 작용하고 있다. 그러므로 한 개인이 인품과 도덕성의 형성·함양을 위해 대중문화로부터 무언가 배우는 일은 점점 적어지고 있다.

대중문화의 작동 시스템 저변에는 대중에게 **대중문화에 대한 소비가 미덕**이라는 믿음과 대중문화의 주체가 대중 자신이라는 환상을 가지도록 하는 여러 장치가 있음을 이해할 필요가 있다. 대중문화가 문화 전반의 하향평준화를 조장할 수 있다는 평가는 이런 주장을 명확하게 뒷받침해 준다. 대중문화 속 개인은 자신만의 문화를 형성·함양하기 위해 대중문화의 어두운 면을 극복해야 한다.

따라서 개인은 자신의 인품과 도덕성을 갖추기 위해 스스로 노력하지 않으면 안 된다. 개인은 전통문화와 대중문화를 조화롭게 습득하고 누리며 또한 자신만의 고급문화를 창조해야 한다. 대중문화만으로 개인 문화를 형성하는 것은 반드시 경계해야 한다. 같은 의미로, 대중문화는 개인의 인품과 도덕성의 형성·함양에는 큰 관심이 없다. 개인은 스스로 노력하여 자신의 인품과 도덕성을 표현하는 자신만의 고급문화를 만들어야 한다.

In modern society, individuals are born, grow up, and form their ways of life under the influence of popular culture. One of the positive aspects of popular culture is that it can provide cultural benefits to many people. At times, popular culture can also offer spiritual comfort and vitality to people's lives. However, *many policies related to popular culture are intended to keep the public as the primary consumers of cultural products.*

Traditional culture or *local culture* provides an important foundation for preserving the historical traditions and identity of a local community. Traditional culture is also deeply connected to the development of an individual's character and morality. In modern society, the influence of traditional culture has diminished, while the broad influence of popular culture has grown. As a result, opportunities for individuals to learn something from popular culture for the cultivation and development of their character and morality are becoming increasingly rare.

It is important to understand that underlying the operational system of popular culture are various mechanisms designed to instill in the public both the belief that *consuming popular culture is a virtue and the illusion that they themselves are the main agents of popular culture.* The critique that popular culture can promote the overall decline in cultural standards clearly illustrates this point. Individuals within popular culture must overcome its darker aspects in order to form and cultivate a culture of their own.

Therefore, individuals must make their own efforts to cultivate character and morality. They should harmoniously absorb and enjoy both traditional culture and popular culture, while also creating a refined personal culture of their own. Relying solely on popular culture to shape one's personal culture must be approached with caution. In the same vein, popular culture shows little concern for the development and cultivation of personal character and morality. *Individuals must strive on their own to create a refined culture that expresses their own character and moral values.*

철학자 니체
Philosopher Nietzsche

철학자 니체는 예술적 활동으로 대표되는 고급문화를 위한 자유노동의 가치를 중요하게 여겼다. 현대적인 개인은 **강제노동**과 **자유노동**이 조화를 이루면서 자신만의 고급문화를 창조하는 것이다. 강제노동은 먹고살기 위해 필요한 돈을 벌려고 행하는 경제적 활동을 의미한다. 자유노동은 삶의 의미와 가치를 가지는 인생을 누리려고 행하는 자발적 활동을 의미한다.

니체는 언제나 예술 같은 삶을 추구하면서 다음과 같이 말하고 있다. '예술의 힘은 때때로 어둡고 비극적인 삶의 맥락을 예감하게 만든다. 하지만 이와 동시에 그 맥락 속에서도 살아가려는 의지를 만든다는 점에서 강한 생명력을 의미한다.'라고. 그는 자신만의 고귀한 문화란 것이 방어적인 자기보존에 그 목적이 있는 것이 아니라고 말한다. 오히려 고귀한 문화를 통해 강한 자기 상승을 자극하는 것이라 말한다.

니체는 '돈벌이를 위한 직업에만 매몰된 인간이 사물의 본성을 바르게 보는 경우는 드물다.'라고 보았다. 하지만 그런 직업이 때때로 인간에게 큰 정신적 혜택을 선물할 수 있다고도 보았다. 인간이 언제고 자신의 삶에 대한 회의와 우려가 생길 때, 직업은 그가 숨을 수 있는 안식처가 된다. 그는 돈을 얻기 위한 직업적 활동에만 매몰된 인간들을 양산하는 자본주의와 이에 만족하며 살려는 노동자들의 안이한 삶에 대한 비판적 견해를 가지고 있었다.

니체는 또한 문화가 경제적 목적에 종속되어서는 안 된다고 설파하였다. 하지만 오늘날 경제적 목적을 동반한 대중문화가 이미 보편화되었고 교류되며 조장되기도 한다. 다양한 민족에 의해 내려온 다양한 전통문화의 유지는 가치 있는 일이긴 하지만 점점 어려워지고 있다. 그는 말했다. '대중문화와 전통문화는 바퀴와 바큇살처럼 인간 역사의 수레를 과거로부터 현재까지 이끌고 있다.'라고.

어떤 작가는 니체가 활동하던 시기의 생활 문화에 대해 다음과 같이 말하고 있다.
시민 계급의 청년들은 자신들이 나이 들어 보이기를 원했다….
그들에게 수염을 빨리 자라게 하는 약이 인기를 끌었고, 안경은 사회적 지위의 상징으로 간주했다….
젊은이들은 아버지를 흉내 냈고, 뻣뻣하게 세운 옷깃이 그들 사이에 유행했다….
그들은 젊음은 코트 안에 숨기고 걸음도 느긋하게 걸으려 했다….

우리에게는 삶 속에서 대중문화가 만들어 내는 부정적 영향을 알고 이를 벗어나려는 노력이 필요할 것이다.

Philosopher Nietzsche valued the importance of free labor for high (refined) culture, which is exemplified by artistic activity. The modern individual creates their own refined culture through a balance of *forced labor* and *free labor.* Forced labor refers to economic activities carried out to earn money for basic survival. Free labor refers to voluntary activities pursued to enjoy a life imbued with meaning and value.

Nietzsche always pursued a life like that of art, and he said the following: *'The power of art sometimes gives us a sense of the dark and tragic context of life. Yet, at the same time, it signifies strong vitality in that it creates the will to live even within that context.'* He argues that one's noble culture is not aimed at defensive self-preservation. Rather, he says, it is through noble culture that one is stimulated to a strong self-elevation.

Nietzsche believed that *'it is rare for humans consumed solely by jobs for making money to perceive the true nature of things.'* However, he also acknowledged that such jobs could sometimes offer great mental benefits to individuals. *When a person encounters doubt and concern about their life, work becomes the sanctuary where they can find refuge.* He held a critical view of capitalism, which produces individuals consumed by work for financial gain, and the complacent lives of workers who are content to live in this manner.

Nietzsche early on preached that culture should not be subordinated to economic purposes. However, today, popular culture, which is accompanied by economic objectives, has already become widespread, exchanged, and even

promoted. The preservation of various traditional cultures passed down by different ethnic groups is indeed valuable, but it is becoming increasingly difficult. He said, *'Popular culture and traditional culture, like the wheel and its spokes, drive the cart of human history from the past to the present.'*

A certain writer describes the lifestyle culture during the time Nietzsche was active as follows:

Young men of the bourgeois class wanted to appear older than they were....

A potion that made facial hair grow quickly became popular, and glasses were considered a symbol of social status....

The young men imitated their fathers, and stiffly raised collars became a trend among them....

They tried to hide their youth under their coats and walked with a leisurely pace....

We need to recognize the negative influences created by popular culture in our lives and make efforts to break free from them.

음악가 베토벤
Musician Beethoven

　음악가 베토벤이 스스로 만들고 누렸던 문화는 그의 생활 습관과 유품에서 살펴볼 수 있다. 그의 생활 습관에는 다음과 같은 것이 있다. 그는 전형적인 아침형 인간으로 매일 아침 5시에 일어났다. 그는 일어나서 그가 직접 고른 커피 원두를 갈아 내린 커피를 마셨다. 그것도 커피콩 60개를 정성껏. 그는 극히 단순한 행동의 반복을 통해 하루를 시작하는 마음을 바르게 했을 것이다.

　베토벤은 커피와 함께 아침 식사를 한 후에는 산책하러 나갔다. 그의 고향 독일 본의 고풍스러운 풍경과 함께하는 산책은 그에게 남다른 기쁨을 주었을 거라 짐작된다. 그는 23세가 되면서 귓병이 심해져 의사의 권유로 하**일리겐슈타트**로 가서 요양하였다. 그는 그곳에서 자살을 생각할 정도로 심신이 모두 힘들었다. 그러나 그 상황에서도 그는 매일 아침 산책을 멈추지 않았다.

　베토벤이 산책하러 갈 때는 항상 메모지와 필기구 그리고 지팡이를 챙겨 다녔다. 그는 산책 도중 문득 떠오르는 생각이나 악상이 있을 땐 그 자리에서 메모하거나 악보를 썼다. 그는 이렇게 항상 메모하는 습관이 있었다. 이것이 자신의 습관이자 자신만의 문화였다. 그가 산책로를 걸으며 눈으로 보이는 자연을 토대로 곡을 완성했는데, 그 곡이 바로 〈전원 교향곡〉이다.

베토벤은 13세 때 쾰른의 귀족인 막스 프리드리히에게 보낸 헌정문에서부터 56세의 나이로 생을 마감할 때까지 여러 글을 남겼으며 그중 120여 편의 글이 오늘날에도 읽히고 있다. 이 글에는 친구, 연인, 후원자 등에게 보낸 편지와 일기, 메모 등이 포함되어 있다.

베토벤은 근대 음악가 중 최초로 성공한 프리랜서 음악가였다. 이는 음악예술을 위한 그의 철학을 반영하는 생활 문화에 기인한다. 그 당시 유명 음악가 대부분은 귀족이나 교회로부터 재정적 지원을 받아 안정적인 생활을 하였다. 이 때문에 그들은 공식·비공식적으로 재정적 후원자들을 위한 창작활동을 하여야 했다. 베토벤은 당시의 유명세로도 재정적 후원자를 얻기 충분하였으나 이를 거부하고 프리랜서의 길을 걸었다. 그는 그런 제약과 속박에서 벗어나 자신만의 창작활동을 위하여 프리랜서가 된 것이다.

베토벤은 또한 독서하는 습관을 지녔다. 그의 유품 중에는 평소 그가 읽었던 책들이 많이 포함되어 있다. 그는 양적으로 많은 책을 읽기보다는 영감을 얻을 수 있는 책들을 여러 번 반복해서 읽었다. 그 책들 중에는 「일리아드」, 「오디세이」 등 그리스 고전들과 영국의 문호 셰익스피어의 비극 작품 등이 있다. 그는 셰익스피어의 작품 「템페스트」를 읽고 영감을 받아 피아노 소나타 17번 〈템페스트〉를 작곡하기도 하였다.

누군가는 이렇게 물었다. 베토벤이 평생의 고난과 가난 속에서도 그만의 독창적인 음악 세계를 구축하고 후대에 길이 남을 훌륭한 곡들을 창작할 수 있었던 원동력은 무엇이었을까? 그것은 신체적 병마로 인해 외부와 단절되어 고독한 생활을 해야 했던 상황에서도 책을 읽고 일기를 썼으며 산책하고 사색하는 습관을 지녔기 때문이다. 이를 통하여 자신과 인생의 내면을 보았으며 현실의 난관을 극복하는 힘을 찾고 발휘했기 때문이다.

베토벤은 말했다. '운명은 사람에게 인내할 용기를 주었다. 무엇인가를 뛰어넘을 때마다 나는 행복을 느낀다.'라고.

우리는 그를 '음악의 성인'이라 칭송하고 있다.

The culture that the musician Beethoven created and enjoyed can be observed through his lifestyle habits and personal belongings. His lifestyle habits include the following: He was a typical early riser, waking up at 5 am. every day. After waking up, he would grind coffee beans, selecting them himself, and brew coffee. He carefully ground 60 coffee beans each time. Through the simple repetition of these actions, he likely started his day with a clear and focused mindset.

Beethoven would go out for a walk after having his breakfast with coffee. It is imagined that the quaint scenery of his hometown, Bonn,

Germany, gave him a special joy during these walks. At the age of 23, as his hearing worsened, he went to *Heiligenstadt* for rest and recovery on the advice of a doctor. There, he suffered so greatly in both body and mind that he even contemplated suicide. Yet, even in such a state, he never stopped taking his morning walks.

Beethoven always carried a notebook, writing tools, and a cane when he went for walks. Whenever a thought or musical idea suddenly came to him during his walk, he would jot it down or write the music right then and there. *This habit of constantly making notes was his routine and part of his unique culture.* As he walked along the path, he completed a composition inspired by the nature he saw, which became his *<Pastoral Symphony>*.

From the dedication he wrote at the age of 13 to *Max Friedrich*, a nobleman of Cologne, to the time of his death at 56, Beethoven left behind numerous writings, of which more than 120 are still read today. These include letters, diaries, and notes addressed to friends, lovers, patrons, and others.

Beethoven was the first successful freelance musician among modern composers. This was due to his lifestyle, which reflected his philosophy of musical art. At the time, most renowned musicians received financial support from the nobility and the church, allowing them to live stable lives. As a result, they were often required to compose works for their patrons, both officially and unofficially. Although Beethoven's fame at the time was sufficient to attract financial sponsors, he rejected this and chose the path of a freelancer. He became a freelancer to free himself from such constraints and to pursue his own creative endeavors.

Beethoven also had a *habit of reading.* Among his belongings were many books that he read frequently. Rather than reading a large number of books, he preferred those that could inspire him and often reread them. Some of these included Greek classics like 「The Iliad」 and 「The Odyssey」, as well as the tragic works of the British playwright *Shakespeare*. He was inspired by *Shakespeare*'s 「The Tempest」 and went on to compose his *Piano Sonata No. 17, <The Tempest>* as a result.

Someone once asked: *What was the driving force that enabled Beethoven to build his unique musical world and compose magnificent works that would be passed down through generations, despite a lifetime of hardship and poverty?* It was because, even in a situation where he had to live in isolation due to his physical ailments, he maintained the habits of reading books, writing in a diary, walking, and reflecting. Through these practices, he looked inward at himself and life, finding and exerting the strength to overcome the challenges of reality.

Beethoven said: *'Fate has given me the courage to endure. Every time I overcome something, I feel happiness.'*

We honor him as the *'Saint of Music.'*

할비(할아버지) 생각
Grandfather's Thoughts

철학자 니체는 당시 제국주의 국가가 주창하는 자국민에 대한 교육 이념을 두고 비판적 견해를 보였다. 그는 국가가 교육 자체를 국가의 발전과 개인적 영달을 위한 도구로만 생각한다고 여겼다. 그러한 교육에는 진정한 교양(문화)을 연마할 수 있는 자리가 없다는 것이다. 그는 국가적·개인적 실리만을 구하려는 당시의 교육제도를 근본적으로 반성해야 한다고 보았다. 이러한 실리적인 면만을 추구하는 교육제도는 오늘날에도 많은 나라에서 여전히 지속되고 있다는 견해도 있다.

그러나 나는 그의 이러한 견해에 크게 동의하고 싶지는 않다. 오늘날 자본주의 사회에서 생존 욕구 충족을 위해 육체적·정신적 능력을 기르는 교육은 필요할 것이다. 교양 있는 문화에 대한 욕구는 생존이 보장되는 환경 하에서 더 의미 있게 실현될 수 있다. 생존 자원과 함께 문화 욕구 실현에 필요한 자발적인 행동을 가능하게 하는 잉여 자원의 보유가 필요하다.

교육의 이념·제도는 국가·개인이 생존 자원과 잉여 자원을 동시에 얻을 수 있도록 설계됨이 바람직하다. 따라서 나는 국가 차원의 실리적인 교육 이념을 여전히 버릴 수는 없다고 생각한다. 다만 개인의 문화 욕구 실현을 지원해 주는 국가 차원의 노력이 증대되었으면 한다.

나는 다음과 같이 말하고 싶다.
내 삶의 의미와 가치를 표현하는 나만의 고급문화를 만들어라.
그러한 문화가 나의 일상을 강하게 만든다.
강한 나의 일상은 나의 과거를 이해하고 나의 현재를 긍정하며, 또한 나의 미래를 쟁취함을 예견한다.

문화는 나를 드러내는 내면의 옷이다.

Philosopher Nietzsche expressed critical views on the educational ideologies promoted by imperialist nations of his time. He believed that the state regarded education merely as a tool for national development and personal success. According to Nietzsche, such an educational system left no room for the cultivation of true culture or refinement. He argued that an education system focused solely on national and individual gain should be fundamentally re-examined. Some believe that this pragmatic approach to education still persists in many countries today.

However, I do not fully agree with his views. In today's capitalist society, education that develops physical and mental abilities to meet the basic needs of survival is essential. The desire for cultural refinement can be more meaningfully realized in an environment where survival is secured. Possessing surplus resources is necessary to enable voluntary actions that fulfill cultural desires, in addition to meeting basic survival needs.

The philosophy and system of education should be designed to enable both the state and individuals to acquire survival resources and surplus resources simultaneously. Therefore, I believe that a pragmatic educational philosophy at the national level cannot be entirely discarded. However, I hope to see increased national efforts to support the realization of individuals' cultural aspirations.

I would like to say the following:
Create your own high (refined) culture that expresses the meaning and value of your life.
Such a culture strengthens your daily life.
A strong daily life allows you to understand your past, affirm your present, and foresee the triumph of your future.

Culture is the inner layer that reveals who I am.

10

가족은 내 인생 나무의 뿌리

Family is the deep root that
anchors the tree of my life

가족이란 무엇인가?
What is a Family?

가족이란 사전적 의미로 혈연, 혼인으로 관계되어 서로의 일상생활을 공유하는 사람들이라 말한다. 현실적으로 가족이란 부모, 자식, 부부 등의 관계로 맺어져 한집에서 생활하는 공동체라고 말할 수 있다. 인간의 가족은 자연에서의 동물과는 달리 문화적 기능을 함께 가지고 있다. 이를 두고 우리는 '가족문화'라고 부른다.

The dictionary definition of *family* refers to *people who are connected by blood or marriage and share their daily lives.* In practical terms, family can be described as a *community formed through relationships such as those between parents and children or between spouses, living together in the same household.* Unlike animals in nature, human families also possess a *cultural function.* This is what we call '*family culture.*'

원시 시대의 가족
Family in Primitive Era

인류의 원시 시대는 일반적으로 지금부터 약 10,000년 전까지의 시대를 말한다. 이 시대의 사회 구조는 가족 단위 중심의 혈족 사회가 지배적이었을 것으로 추정된다. 가족 구성원이 협력하여 생존하는 과정에서, 원시적이지만 가족문화가 발생한 것도 이때부터라 짐작된다. 자연환경과 신체 특성의 영향으로 가족 중 남성은 사냥을, 여성은 채집과 집안일을 주로 담당하였다.

가족은 대를 이어 생존하기 위해 부모 세대의 정보와 지식이 자녀 세대에 대부분 전수되고 계승되었다. 전수되고 계승되는 정보와 지식 그리고 생활양식은 후에 가족문화라는 말로 표현되었다. 가족문화에는 사냥하는 방법, 채집하는 방법, 요리하는 방법, 주거지를 찾고 만드는 방법 등이 있었을 것이다. 또한 음악과 미술 등 예술 활동과 장례 의식 등에 대한 것도 가족문화의 요소가 되었을 것이다.

가족문화란 부모 세대가 자녀 세대의 생존에 도움이 되는 정보 · 지식을 전수 · 계승하는 의지와 행동이다. 가치 있는 가족문화란 가치 있는 정보 · 지식을 전

수 · 계승하려는 의지와 행동이 있는 가족문화일 것이다. 원시 시대 가족문화의 정신적 의미는 안전함, 소박함, 안정됨 그리고 만족함 등이 될 것이다. 이러한 의미는 우리가 사는 현대의 삶 속에서도 여전히 존재할 거라 생각된다.

The primitive era of humanity generally refers to the time up to about 10,000 years ago. It is presumed that the dominant social structure of this era was a kinship-based society centered around family units. It is also believed that, during this period, a primitive form of family culture began to emerge as families cooperated for survival. Due to the influence of the natural environment and physical characteristics, men in the family were mainly responsible for hunting, while women primarily took care of gathering and household tasks.

In order to survive across generations, most of the information and knowledge possessed by the parent generation were passed down and inherited by the children. The information, knowledge, and way of life that were transmitted and inherited later came to be described by the term *family culture*. Family culture likely included methods of hunting, gathering, cooking, and finding or building shelters. Additionally, artistic activities such as music and visual arts, as well as funeral rituals, were also elements of family culture.

Family culture refers to the *intention and actions of the parent generation to pass down and inherit information and knowledge that help the next generation survive.* A meaningful family culture would be one in which there is a clear intention and effort to transmit and preserve valuable information and knowledge. The spiritual values of family culture in the primitive era likely included a sense of *safety, simplicity, stability,* and *contentment.* These values, I believe, still exist in our modern lives today.

고대 사회의 가족
Family in Ancient Society

고대 사회는 고대 그리스·로마 시대의 사회를 말한다. 고대 사회는 노예 사회였고 대가족 중심의 **부계사회**였다. 대가족은 씨족, 부족, 하인(집안 노예), 실향민은 물론 심지어 과부, 고아까지도 포함하는 거주 공동체였다.

고대 그리스는 가족(혈족) 중심적 사회에서 공동체(폴리스: 도시국가) 중심적 사회로 변화하였다. 이러한 변화는 보다 확장된 사회 질서와 생활 문화를 요구하였다. 공동체 의식은 미발달했고, 가족 중심의 사회 질서와 생활 문화에는 타 혈족 간 협력 의식이 부족했다. 연구에 의하면, 폴리스 중심의 사회에서는 가족에 기초한 개인주의적 행동을 반사회적인 것으로 간주했다. 이에 따라 가족 중심의 사회 질서와 생활 문화가 공동체를 위해 확장·발전하지 못했다. 무역과 여행을 통한 새로운 문화의 경험도 기존 가족 중심의 질서·문화가 전부가 아님을 알게 하였다.

고대 그리스와 비슷한 시기의 동양(중국)에서는 **공자가 주창한 인(仁)의 철학**이 태동하였다. 그는 가족(부자)관계를 중심으로 사회적 관계(질서·문화)가 확장·발전되는 것을 주창하였다. 그는 사심 없는 마음으로 부모를

공경하는 방식으로 사회를 확대함이 진정한 사회적 관계라 규정했다. '가화만사성(家和萬事成)'이란 표현은 그의 철학을 대표하는 글귀이다.

고대 로마의 가족은 **파밀리아(Familia)**라 부른다. 이는 부모와 자녀만으로 구성되는 단순한 핵가족보다 확대된 개념의 가족 형태였다. 파밀리아에는 하인과 노예 심지어 의붓자식 등을 포함하기도 했다. 가족의 모든 권한과 책임은 남성 가장인 **파테르 파밀리아스(Pater Familias)**에게 있었다. 그는 가족 구성원의 **생살여탈권**을 가지고 가문의 재산과 명예를 관리하고 보호하는 역할을 했다. 반면, 여성은 일상생활의 가사 노동과 같은 가정의 관리와 자녀 교육을 주로 담당했다.

이러한 가족 형태는 공동체 차원의 경제적·사회적 협력을 강화하는 데 도움을 주었을 거라 짐작된다. 즉, 가족 구성원들은 서로의 역할과 책임을 다함으로써 가족 전체의 안정을 도모하였다. 귀족과 상류층 시민들은 독립 주택인 '도무스(Domus)'에 살았고, 중하층 시민들과 서민들은 '인술라(Insula)'라고 불리는 다세대 주택(아파트)에 살았다. 인술라는 생활환경이 협소하고 열악했으나 도심에 위치하여 상업활동과 근린시설 사용이 쉬웠다.

고대 로마의 가족은 국가 단위의 공동체 운영에 적합하도록 그 개념이 확장되었다. 국가를 대신하여 가족은 생존 및 부역에 필요한 집안 거주인을 모두 포함하는 형태로 변화하였다. 이러한 가족의 안정된 유지를 위해, 국가는 **가족에 대한 법적·제도적 권한과 책임**을 명시하였다. 오늘날 여러 나라의 현대적인 가족법은 이러한 근간에 더하여 경제적·개인적 이해관계를 반영하면서 유지·변화되고 있다.

Ancient society refers to the civilizations of ancient Greece and Rome. These societies were slave-based and centered around large, *patriarchal families*. A large family was a residential community that included clans, tribes, servants (household slaves), displaced persons, and even widows and orphans.

Ancient Greece transitioned from a family (kinship)-centered society to a community-centered society (polis: city-state). This shift required a more expansive social order and lifestyle culture. At the time, a sense of community was underdeveloped, and in the family-centered social order and culture, there was a lack of cooperation among different kin groups. According to research, in a polis-centered society, individualistic behavior based on family interests was considered antisocial. As a result, the family-based social order and lifestyle culture could not expand or develop for the sake of the larger community. Experiencing new cultures through trade and travel also revealed that the traditional family-centered order and culture were not all there was to society.

In the East (China), during a period similar to that of ancient Greece, the *philosophy of Ren (仁),* advocated by *Confucius*, began to emerge. He promoted the idea that social relationships (order and culture) should expand and develop based on the family relationship, particularly between father and son. He defined true social relationships as an extension of filial piety—respecting one's parents with a sincere and selfless heart. The phrase *'When the family lives in harmony, all affairs will prosper (家和萬事成).'* is a well-known saying that represents his philosophy.

In ancient Rome, the family was called *Familia.* This term referred to a broader concept of family than the simple nuclear family consisting only of parents and children. The familia could include servants, slaves, and even stepchildren.

All authority and responsibility within the family belonged to the male head, known as the *Pater Familias.* He held the *power of life and death* over family members and was responsible for managing and protecting the family's property and honor. In contrast, women were primarily responsible for managing the household and educating the children through daily domestic labor.

This type of family structure likely contributed to strengthening economic and social cooperation at the community level. In other words, family members promoted the stability of the entire household by fulfilling their respective roles and responsibilities. Nobles and upper-class citizens lived in independent houses called *Domus*, while middle- and lower-class citizens and commoners lived in multi-family housing (apartment) known as *Insula*. Although living conditions in the insula were cramped and poor, their central urban locations made them convenient for commercial activities and access to local facilities.

The concept of family in ancient Rome was expanded to suit the operation of the community at the state level. On behalf of the state, the family evolved to include all household members necessary for survival and labor. To ensure the stable maintenance of such families, the state established *legal and institutional rights and responsibilities regarding the family*. Today, modern family law in many countries builds upon this foundation while reflecting economic and personal interests, continuing to evolve accordingly.

중세 사회의 가족
Family in Medieval Society

중세 사회는 약 15세기까지 지속한 유럽 시대의 사회를 말한다. 중세의 유럽은 농업 중심의 **봉건제도**가 정착되고 지속된 시기였다. 이 시기의 가족은 조부모, 삼촌, 이모 등 혈연을 중심으로 확대된 가족 형태를 보인다. 확대된 가족은 농사일과 가축을 기르는 일 등에 필요한 노동력을 얻는 데 중요하였다.

남성은 주로 농사를 위해 외부에서 일하고, 여성은 고대 사회처럼 집안일과 자녀 양육을 담당하였다. 기독교의 영향으로 가족 중 남성 가장의 권위는 고대 사회 못지않게 절대적이었다. 하지만 실제의 생활에서는 여성을 비롯한 가족 구성원 전체가 생계를 위한 역할을 분담해야 했다. 자녀는 보통 5세가 넘어서부터 농사일이나 집안일을 배우기 시작했다. 일반적인 농노의 가정에서는 생계유지를 위해 가족 구성원 모두가 노동해야 했다. **농노 가족**은 대부분 장원(영주의 토지)에서의 농사일에 적합한 형태로 변화하였다. 노동력 확보와 유아 사망률 보완에 도움을 주는 연애결혼을 장려하는 사회적 문화 또한 발달하였다.

14세기 중반 **흑사병**이라는 전염병으로 많은 사람들이 사망하여 가족 구성원이 줄게 되었다. 많은 가족 구성원이 사망하거나 헤어짐에 따라 가족 간 연대감이 약화하기도 했다. 이로 인한 노동력 감소와 경제적 침체는 가족의 구조와 역할에 변화를 불러왔다. 즉, 대가족 형태가 줄어들고 부모와 자녀만으로 구성된 핵가족이 늘어났다. 또한 르네상스 운동을 출발점으로 한 근대 사회로의 전환도 가족 구조에 중요한 변화를 불러왔다. 즉, 농촌의 농업 중심 대가족 형태가 도시의 상공업 중심 핵가족 형태로 바뀌게 된 것이다.

Medieval society refers to the European era that lasted until about the 15th century. During this period, the *feudal system* centered on agriculture was established and sustained in Europe. Families in this era exhibited an expanded form centered around blood relatives such as grandparents, uncles, and aunts. The extended family was important for securing the labor needed for farming and raising livestock.

Men mainly worked outdoors in farming, while women, as in ancient societies, were responsible for household chores and child-rearing. Under the influence of Christianity, the authority of the male head of the family was as absolute as it had been in ancient times. However, in daily life, all family members, including women, had to share roles to support the household livelihood. Children typically began learning farming or household tasks after the age of five. In typical peasant families, all members had to work to sustain their living. *Peasant families mostly adapted to a form suitable for farming on manorial estates (the lord's land).* A social culture encouraging love marriages, which helped secure labor and reduce infant mortality, also developed.

In the mid-14th century, the *Black Death*, a deadly epidemic, caused the deaths of many people, leading to a decrease in family members. As many family members died or were separated, the sense of solidarity among families weakened. The resulting labor shortage and economic downturn brought changes to family structure and roles. Specifically, the extended family form declined, and the number of *nuclear families*, consisting only of parents and children, increased. Additionally, the transition to modern society, beginning with the *Renaissance* movement, also brought significant changes to family structure. That is, *the agricultural extended families of rural areas transformed into nuclear families centered around commerce and industry in urban areas.*

근대 사회의 가족
Family in Modern Society

근대 사회는 15세기부터 19세기까지의 유럽 사회를 말한다. 14세기부터 16세기에 이르는 시기에는 근대 문화를 일으킨 **르네상스** 운동이 있었다. 르네상스 운동은 고대 그리스·로마 문화의 부활을 통해 새로운 인간과 세상을 발견하고자 한 운동이었다. 르네상스 운동은 처음 인문학 분야에서 시작하였으나 후에 예술, 과학기술 등 사회 전반으로 확대되었다.

근대 사회의 외형적 특징은 유럽 사회가 세계를 향해 팽창한 것에 있다고 볼 수 있다. **대항해 시대**는 세계의 지리에 대한 탐험과 원거리 무역이 본격적으로 시작된 시대였다. 그 뒤를 잇는 **산업혁명**은 유럽 전체를 세계의 공산품 생산 공장으로 변화시켰다. 이 시기에 수많은 도시가 생기고 그곳에 공장이 들어섰으며 또한 수많은 공장노동자가 생겨났다.

도시에 생활하는 공장노동자가 포함된 가족은 자연스레 **핵가족**의 형태로 변화했다. 공장 기계의 경제적 운용을 위해 노동시간 개념이 생겨났고, **노동과 여가(생활)의 분리**가 일상화되었다. 공장노동자의 수급을 위하여 여성과 아동의 노동시장 참여가 허용되고 늘어난 것도 이 시기부터다. 가족 중 가장으로서의 남성 권위는 약화하기 시작했고, 물질주의가 가족문화에 영향을 주게 되었다. '물질적 풍요가 가치 있는 가족문화를 이끈다.'라는 생각이 근대화 이념 중의 하나로 자리 잡기도 하였다.

공장에서의 노동이 일반화되면서 여성과 아동의 노동시장 참여가 늘어났다. 그 결과 가족 구성원 모두가 경제활동을 하면서 **개인주의와 공리주의적 가치관**이 나타났다. **전통적인 가족문화**의 근간이었던 **생존을 위한 공동생산 공동소유**라는 의식이 약화하였다. 자본주의 경제체제의 영향으로 경제력이 곧 생존력을 의미하게 되자 가족문화의 변화가 초래된 것이다.

Modern society refers to European society from the 15th to the 19th century. Between the 14th and 16th centuries, the *Renaissance* movement arose, which sparked modern culture. The *Renaissance* was a movement aimed at discovering a new understanding of humanity and the world through the revival of ancient Greek and Roman cultures. It began in the field of humanities but later expanded to encompass arts, science, technology, and society as a whole.

The outward characteristic of modern society can be seen in the expansion of European society toward the world. The *Age of Exploration* was an era when the geography of the world was explored and long-distance trade began in earnest. Following this, the *Industrial Revolution* transformed Europe into a global factory producing manufactured goods. During this period, numerous cities emerged, factories were established there, and many factory workers appeared.

Families that included factory workers living in cities naturally shifted toward the *nuclear family* structure. The concept of working hours was introduced to ensure the economic operation of factory machinery, and the *separation of work and leisure (life)* became a daily routine. From this period, the participation of women and children in the labor market was allowed and increased to supply factory workers. The authority of the male head of the family began to weaken, and *materialism* started to influence family culture. The idea that '*material wealth leads to a valuable family culture*' became one of the ideals of modernization.

As factory labor became widespread, the participation of women and children in the labor market increased. With all family members engaged in economic activities, *individualistic and utilitarian values* emerged. The *traditional family culture*'s foundation—*shared production and shared ownership for survival*—weakened. Under the influence of the capitalist economic system, economic power came to signify survival ability, which led to changes in family culture.

현대 사회의 가족

Family in Contemporary Society

현대 사회는 일반적으로 20세기부터 오늘날까지의 사회를 말한다. 현대 사회의 사회적 특징은 **세계화**이며 이는 지역적 전통문화들이 서구문화를 만나 융합하는 흐름을 반영한다. 현대 사회의 경제적 특징은 **자본주의**이며, 대부분의 국가가 자본주의 체제를 수용하고 있다. 유럽을 포함한 많은 국가의 현대 사회는 **산업화·도시화**가 비약적으로 진행된 상태에 있기도 하다.

이들 사회의 가족 형태는 대부분 **핵가족**이며 구성 수는 4인, 2인 혹은 1인으로 다양하다. 가족의 핵가족화에 더하여, 오늘날의 **저출산, 고령화**, 경제적 불안 등이 가족문화에 영향을 주고 있다. 가족에 대한 전통적 문화는 그 가치와 효용이 줄고, 핵가족을 넘어 **핵개인**의 관념이 생겨나기도 했다.

Contemporary society generally refers to the period from the 20th century to the present day. The social characteristic of contemporary society is *globalization,* which reflects the blending of local traditional cultures with Western culture. The economic characteristic of modern (contemporary) society is *capitalism,* and most countries have adopted capitalist systems. Many contemporary societies, including those in Europe, have experienced rapid *industrialization* and *urbanization.*

In these societies, most family structures are *nuclear families*, with sizes varying from four members, two members, or even single-person households. In addition to the trend toward nuclear families, today's *low birth rates, aging populations,* and *economic instability* also influence family culture. Traditional family culture has seen a decline in its value and utility, and beyond the nuclear family, the concept of the *individual-centered unit* has also emerged.

변화하는 가족문화
Changing Family Culture

원시 시대의 혈족 중심 가족에는 생존에 직접 관련한 정보·지식을 전수·계승하는 문화가 있었을 것이다. 고대 로마의 가족은 생존 및 부역에 필요한 집안 거주인을 모두 포함하는 거주 공동체로 변화하였다. 중세 유럽의 가족은 농사일의 전 과정에 필요한 노동력 확보가 쉬운 혈연 기반의 확대된 가족 형태를 보였다. 근대와 현대의 가족은 산업화·도시화의 영향으로 핵가족, 물질주의 등의 가족문화가 발생하였다.

수백만 년을 이어온 전통적 가족문화에는 세대를 이어가는 자급자족 생존 방법의 전수·계승이 있다고 할 수 있다. 고대 공동체(국가) 사회의 가족문화는 대가족 혹은 거주 공동체의 유지·발전에 유리한 방향으로 변화했다. 근대와 현대의 시대 흐름 속 산업화·도시화는 가족의 구조를 핵가족 혹은 핵개인으로 변화하게 했다. 또한 핵가족 문화에 개인주의, 물질주의가 스며들어 전통적 가족문화인 공동체 의식이 약화했다.

인류 역사 속 가족의 형태와 문화는 가족의 생존과 공동체의 유지를 위해 여러 모습으로 변화했다. 이와 동시에 사회·경제적 변화는 생존 자원을 획득하는 방법에 변화를 초래하였다. 생존 자원을 획득하고 또 이를 소비하는 방법의 차이와 변화는 저마다 다른 가족문화를 만들어 내었다. 현대의 일반적인 가족문화는 개인주의, 물질주의, 세계화 등의 영향을 받아 다양하게 변하고 있다.

가족문화의 변화 속에서도 **가족의 생존**을 위한 의지와 행동을 여전히 다짐하는 우리의 노력을 기대해 본다.

유럽 사회가 아닌 지역에서는 전통적 가족 개념과 현대적 가족 개념이 융합되는 경향이 크다. 한국의 경우 **유교적 대가족** 개념이 남아 있어 조부모, 부모, 자녀 간의 유대관계가 비교적 강하다. 조부모는 자녀의 성장에 도움을 주려 하고 부모는 자녀의 양육을 위해 조부모에게 의뢰하려 한다. 부모는 자녀의 교육에 특별한 의미를 부여하려고 하고, 자녀는 **입신양명(立身揚名)**을 자랑으로 여기려 한다. 오늘날 입신양명이란 자녀 세대의 생활 독립, 경제 독립, 사회 독립을 의미한다고 할 수 있다.

In the primitive era, kinship-centered families likely had a culture of transmitting and inheriting information and knowledge directly related to survival. The families of ancient Rome evolved into residential communities that included all household members necessary for survival and service. Medieval European families developed into extended, kinship-based family structures that made it easier to secure labor for the entire agricultural process. In modern and contemporary times, families have developed nuclear family structures and materialistic family cultures under the influence of industrialization and urbanization.

The traditional family culture that has continued for millions of years can be said to have focused on passing down self-sufficient survival methods from generation to generation. In ancient community-based (state) societies, family culture evolved in ways that favored the maintenance and development of extended families or residential communities. The industrialization and urbanization of modern and contemporary times transformed family structures into nuclear families or even individual-centered units. Furthermore, the rise of individualism and materialism within nuclear family culture has weakened the sense of community that characterized traditional family life.

Throughout human history, the forms and cultures of families have changed in various ways to ensure family survival and the maintenance of communities. At the same time, social and economic changes have altered how survival resources are acquired. Differences and shifts in how these resources are obtained and consumed have each given rise to distinct family cultures. In modern (contemporary) times, typical family culture continues to change in diverse ways under the influence of individualism, materialism, and globalization.

Even amid these changes, we look forward to continued efforts and commitments to the will and actions that sustain the *survival of the family*.

In regions outside of European societies, there is a strong tendency for traditional and modern family concepts to merge. In the case of Korea, the *Confucian concept of the extended family* still remains, resulting in relatively strong bonds between grandparents, parents, and children. Grandparents tend to want to support the growth of their grandchildren, while parents often rely on grandparents for childcare. Parents tend to place special importance on their children's education, and children take pride in achieving *Ip-sin-yang-myeong (立身揚名), the idea of personal success and bringing honor to the family.* Today, Ip-sin-yang-myeong is understood as representing the *younger generation's goals of independence in daily life, financial self-sufficiency, and social autonomy.*

할비(할아버지) 이야기
Grandfather's Reflections

　몇 해 전 출간한 나의 수필집에는 이런 글이 실려 있다.
　살면서 가족이란 말은 많이 하지만 정작 가족이 무엇이고 어떤 가치가 있는지 알려고 하지 않았다. 태어나 보니 가족이란 것이 있었고, 결혼하여 살다 보니 가정이 만들어지고, 또 새 가족이 생겼다. 가족이 무엇인지 잘 알지 못하면서도 가족에 대한 무한책임 같은 것을 받아들이고 땀 흘리며 지내왔다….

　여느 사람들처럼, 내 부모로부터 물려받은 가족의 가치는 가난으로 인해서 많이 약화한 것 같다. 나의 부모는 자녀를 부양할 능력이 모자랐고, 나의 형들은 어린 나이에 생계를 위해 일해야 했다. 나는 재능과 적성보다는 돈을 벌 수 있는 직장을 선호하고 '돈벌레', '일벌레'의 별명을 달갑게 받기로 마음먹어야 했다. 그 후로 결혼하여 새 가족을 꾸리면서 가난의 대물림을 부끄럽게 여기며 일에는 밤낮을 가리지 않았다….

　행복한 가족이 꿈이었지만 현실은 나의 피붙이에게 생존 수단을 전해주는 일에 최선을 다한다. 누구는 돈을 가지고, 누구는 지식을 가지고, 누구는 권력을 가지고 이에 충실히 하려고 한다. 나도 예외는 아니라고 여긴다….

가족이란 내가 가진 생존 수단들을 가장 값없이 물려주고 싶은 사람과의 관계가 아닐까 한다. 좋은 가족이란 구성원들이 자신으로 인해 손해 보는 일이 없도록 노력하는 가족이 아닐까 한다. 행복한 가족이란 가치 있는 일들에 관해 대화, 웃음 그리고 격려가 물 흐르듯 하는 가족이 아닐까 한다….

가족은 내 인생 나무의 뿌리다.

A few years ago, a piece like this was included in my published collection of essays.

Throughout my life, I often spoke of family, yet I never truly paused to consider what family is or what value it holds. I was simply born into a family; then, through marriage, I came to form my own household, and soon, a new family emerged. Even without fully understanding what family truly means, I accepted a kind of boundless responsibility for it and have spent my life working hard, day by day….

Like many others, the family values I inherited from my parents seem to have been greatly weakened by poverty. My parents lacked the means to provide for their children, and my older brothers had to work at a young age to support the household. As for me, I chose jobs not for talent or aptitude but for the money they could bring, and I resolved to accept, without complaint, the nicknames 'money grubber' and 'workhorse.' Later, when I married and built a new family, I felt ashamed of the poverty passed down to me and worked tirelessly, day and night, to break its chain….

A happy family was my dream, but in reality, I've done my best simply to pass down the means of survival to my own flesh and blood. Some do this with money, others with knowledge, and still others with power—each trying earnestly in their own way. I don't think I'm an exception to that….

Perhaps family is the relationship with those to whom I most willingly want to pass down my means of survival—without expecting anything in return. A good family, I believe, is one where each member strives to ensure that no one is harmed or disadvantaged because of them. And a happy family may be one where conversations, laughter, and encouragement flow effortlessly around the things that truly matter….

Family is the deep root that anchors the tree of my life.

11

만들어진 나보다
만들어가는 나를 사랑하라

Love the self you are creating more
than the one that was created

◊

인간 발달
Human Development

인간은 태어나 죽을 때까지 신체적 · 정신적으로 끊임없이 변화하는데 이를 **인간 발달**이라 말한다. 인간 발달은 생물학적 · 환경적 · 심리적 영향을 받는 가운데 **성장, 성숙, 학습, 사회화** 등의 양상을 보인다. **성장**은 신체적으로는 각 부분의 크기와 힘이 증대되고 정신적으로는 인지능력이 확장됨을 말한다. **성숙**은 신체적인 감각 · 운동 기관들의 기능이 유전적 특성의 영향으로 세련되고 유능해짐을 말한다. 성숙의 양상에는 태아의 발달, 영구치의 형성, 사춘기 등이 포함된다. **학습**은 개인이 경험과 훈련을 통해 문화 · 지식 · 정서 등에 대해 심리적 · 정신적으로 변화하는 것을 말한다. **사회화**는 개인이 사회의 한 구성원으로 살 수 있도록 준비하고 또 그렇게 살아가는 것을 말한다.

Humans undergo continuous physical and psychological changes from birth to death, a process referred to as *human development*. Human development occurs under the influence of biological, environmental, and psychological factors, and it involves patterns of *growth, maturation, learning,* and *socialization*. *Growth* refers to an increase in size and strength in the physical body, and an expansion of cognitive abilities in the mind. *Maturation* refers to the refinement and enhanced efficiency of sensory and motor functions, influenced by genetic traits. Examples of maturation include fetal development, the formation of permanent teeth, and puberty. *Learning* refers to psychological and mental changes an individual undergoes through experience and training in areas such as culture, knowledge, and emotions. *Socialization* refers to the process through which an individual prepares for and lives as a member of society.

인체의 성장과 성숙
Growth and Maturity of the Human Body

최근 독일과 이스라엘의 연구에 의하면, 성인 남성의 신체는 약 36조 개의 세포를 가지고 있다고 한다. 여성은 약 28조 개, 10세 어린이는 약 17조 개의 세포를 가지고 있다. 우리 인체에서는 하루 평균 약 3,300억 개의 노화된 세포가 신생세포로 바뀌고 있다. 이는 1초당 380만 개의 꼴로 세포의 세대교체가 이루어지고 있는 셈이다. 죽은 세포는 우리 몸에서 떨어져 나가거나 기생충의 먹이가 되며 일부는 몸 안에서 분해된다.

또한 신체의 모든 세포가 교체되는 기간은 평균 80일이다. 약 80일이 지나면 인체의 모든 세포는 신생세포로 교체된다는 말이다. 하지만 이는 평균 기간을 말하며, 몇몇 무겁고 큰 세포는 10년이 넘는 수명을 가지고 있기도 하다. 인간은 태어나 죽을 때까지 신체적으로 끊임없이 변한다는 말은 사실이다.

자신을 생물학적으로 존재하게 해주던 신체의 수많은 세포는 약 80일 뒤에 모두 사라진다. 그 뒤를 이어 신생세포가 생겨나 다음 80일 동안 나를 존재하도록 해준다. 생물학적으로 우리는 과거 80일 전의 자신과 서로 다른 나 자신을 지금, 이 순간 마주하고 있다. 우리는 변하는 존재이다.

우리는 이러한 변화를 맞이하는 인생에서 조금은 진지하고 조금은 절실함을 가지면 좋겠다. 성장을 통하여 건강한 신체를 발달시키고 또한 유지하는 데 노력하면 좋겠다. 성장을 통하여 인지능력이 넓고 깊어져 도전하고 책임지며 가치 있는 인생을 만나면 좋겠다. 성숙을 통하여 삶의 변화가 우리에게 주는 의미, 긍정, 여유 그리고 지혜에 다가가면 좋겠다. 학습을 통하여 물질적 여유로움에 못지않은 정신적 풍요로움으로 극복하는 인생을 만나면 좋겠다. 사회화를 통하여 나와 가족 그리고 지역사회의 갈등 해결에 도움이 되는 인생을 찾으면 좋겠다.

인간은 부모로부터 태어나 성장하고 성숙하여 자신의 삶을 살다가 늙고 병들어 죽는다. 자연이 인간에게 부여한 생명 현상을 종교적 관점으로 바라본 현자가 바로 '부처'이다. 지금으로부터 약 2,500년 전, 그는 다음과 같이 말했다.

'생로병사(生老病死)'의 길을 걷고 있는 것이 우리네 인생이다. 그런데도 우리는 인생에서 우리가 만들어내는 번뇌와 고통에서 헤어나지 못하며 살고 있다….

우리는 이러한 번뇌와 고통에서 벗어나 삶의 진정한 의미를 찾아야 한다. 그러기 위해 우리는 정진하여 내면(의식)의 성장과 성숙을 이루어 마침내 깨달음에 이르러야 한다….'

According to recent studies conducted in Germany and Israel, the adult male body contains approximately 36 trillion cells. The female body contains around 28 trillion cells, and a 10-year-old child has about 17 trillion cells. On average, about 330 billion aging cells in the human body are replaced with new ones each day. This means that approximately 3.8 million cells are renewed every second. Dead cells detach from the body, become food for parasites, or partially decompose within the body.

Additionally, the average time it takes for all the cells in the human body to be replaced is about 80 days. This means that after approximately 80 days, every cell in the body is renewed. However, this refers to an average duration—some larger and heavier cells can have a lifespan of over 10 years. *It is therefore true that from birth to death, the human body is in a constant state of physical change.*

The countless cells that once sustained our biological existence completely disappear after about 80 days. They are then replaced by new cells that sustain our existence for the next 80 days. Biologically speaking, the self we were 80 days ago is different from the self we are facing right now, in this very moment. *We are beings in a constant change.*

In this life of constant *change*, it would be good to approach it with a bit of sincerity and a sense of urgency. Through *growth*, may we strive to develop and maintain a healthy body. Through *growth*, may our cognitive abilities expand in breadth and depth, allowing us to take on *challenges*, embrace *responsibility*, and encounter a life of *value*. Through *maturity*, may we draw closer to the *meaning, positivity, composure,* and *wisdom* that life's changes bring us. Through *learning,* may we discover a *life of resilience*—one enriched not only by material comfort but also by inner abundance. Through *socialization,* may we find a life that helps *resolve conflicts* among ourselves, our families, and our communities.

Humans are born from their parents, grow, mature, live their own lives, and eventually grow old, fall ill, and die. A sage who viewed this natural phenomenon of life from a religious perspective was the *Buddha*. Around 2,500 years ago, he said the following:

To be born, to age, to fall ill, and to die—this is the path of human life. And yet, we remain trapped in the anguish and suffering we ourselves create throughout our lives⋯.

We must free ourselves from these sufferings and delusions, and seek the true meaning of life. To do so, we must make diligent effort, cultivate inner (spiritual) growth and maturity, and ultimately attain enlightenment⋯.

의식의 성장과 성숙
Growth and Maturity of Consciousness

　의식은 인간이 깨어 있는 상태에서 자신과 사물에 대해 보고 느끼며 이해하고 판단하는 작용이다. 의식을 통해 인간은 자신과 세계(사물)를 경험하고 이해하며 또한 판단한다. 인간의 신체 기관 중에서 의식을 담당하는 곳은 뇌이다. 뇌는 신체의 감각기관으로부터 받은 정보를 처리·해석·통합하고 필요시 명령하는 기관이다. 신체의 일부인 뇌가 성장과 성숙의 변화를 겪듯이 의식 또한 성장과 성숙의 변화 과정을 겪는다.

　의식의 성장은 경험하는 세계가 넓어지고 그 세계를 이해하는 깊이가 커지는 것을 의미한다. 공간적 환경에서, 유아 시절의 세계란 주로 자신의 집과 동네일 수 있다. 청소년 시절의 세계란 부모와 함께 이사를 하거나 여행을 다니는 지역을 포함하는 범위일 수 있다. 또한 청소년 시절에는 학습을 통한 간접경험으로 지구적·우주적 공간을 이해할 수 있다. 사회적 환경에서, 개인은 차츰 가족의 범위를 넘는 조직, 단체, 사회, 국가 등의 개념을 인식하게 된다.

　어떤 사물에 대하여 처음엔 호기심으로 시작한 것을 관찰하고 탐구함으로써 우리의 의식은 성장한다. 어떤 사건에 대하여 처음엔 '누가 했는가?'로 시작한 질문에 '누가, 언제, 어디서, 무엇을, 어떻게, 왜 했는가?'에 대한 질문에 이르게 됨으로써 우리의 의식은 성장한다.

오늘날 인간은 과학, 기술 그리고 공학으로 표현되는 거대한 물질문명의 기반 위에 살고 있다. 과학이란 자연과 인간을 이해하는 새로운 방법을 탐구하는 것이다. 기술이란 과학적 발견의 성과를 활용하는 새로운 방법을 탐구하는 것이다. 공학이란 인간을 위해 기술을 이용하는 새로운 방법을 탐구하는 것이다. 이러한 물질문명의 기반을 이해함으로써 우리의 의식은 더 성장할 수 있다.

인간은 의식이 성장함에 따라 자기 자신과 세상에 대한 이해의 크기와 깊이가 더해진다. 인간은 의식이 성장함에 따라 자기 자신과 세상이 직면한 문제들의 본질에 더 가까이 갈 수 있다. 인간은 의식이 성장함에 따라 그런 문제들을 해결하려는 욕구와 그 해결 방법에 더 가까이 갈 수 있다. 의식이 성장함에 따라 인간은 보다 성숙해진 의식의 옷들을 입게 될 것이다. 우리는 성숙해진 의식으로 인하여, 우리의 인생에 대해 새로운 가치를 부여하고 이를 얻고자 노력하려는 의지를 가지게 될 것이다.

Consciousness refers to the *function by which a human being, in a wakeful state, observes, feels, understands, and judges oneself and external objects.* Through consciousness, humans experience, comprehend, and evaluate both themselves and the world around them.

Among the organs of the human body, the *brain* is responsible for consciousness. The brain is the organ that processes, interprets, integrates, and, when necessary, issues commands based on information received from the sensory organs. *Just as the brain—part of the body—undergoes changes through growth and maturity, so too does the consciousness experience a process of growth and maturation.*

The growth of consciousness refers to the expansion of the world one experiences and the deepening of one's understanding of that world. In terms of spatial environment, the world of an infant typically consists of their home and neighborhood. For adolescents, their world may expand to include places they move to or travel with their parents. Additionally, during adolescence, indirect experiences gained through learning can lead to an understanding of global and even cosmic spaces. In terms of social environment, individuals gradually come to recognize concepts beyond the family, such as organizations, groups, society, and the nation.

Our consciousness grows when we face something with curiosity and then observe and explore it further. Likewise, it develops when we begin with a simple question about an event—such as *'Who did it?'*—and eventually expand our inquiry to include *'who, when, where, what, how, and why.'*

Today, humans live on the foundation of a vast *material civilization* expressed through *science, technology,* and *engineering. Science* is the pursuit of new ways to understand nature and humanity. *Technology* is the exploration of new methods to utilize the achievements of scientific discoveries. *Engineering* is the study and development of new ways to apply technology for the benefit of humanity. *By understanding the foundation of this material civilization, our consciousness can grow even further.*

As human consciousness grows, the breadth and depth of understanding about oneself and the world expand. With this growth, humans can approach the essence of the problems they and the world face. As consciousness develops, people gain a stronger desire to solve these problems and move closer to their solutions. In the process, they will don the garments of a more mature awareness. Through this matured consciousness, we will assign new value to our lives and cultivate the will to strive toward it.

자아의 성장과 성숙
Growth and Maturity of the Self

자아란 특별히 자기 자신에 대한 의식 혹은 관념을 일컫는 말이다. 자아가 표현되는 형태에는 감정, 생각, 존재감, 정체성 등이 있다. 철학, 사회학, 심리학 등의 학문 분야에서는 자아를 **행동의 주체로서의 '나'** 자신으로 정의한다. 연구에 의하면 자아 또한 유전, 신체, 환경 등 매우 다양한 요인에 의하여 성장·성숙한다고 한다.

최근 발전 중인 뇌과학 분야에서는 자아란 **뇌의 시스템적 활동**의 결과로 나타나는 현상이라 말한다. 뇌는 신체의 감각기관으로부터 정보를 받아 이를 처리하는 동안에 자신의 신체를 내 것이라 여긴다. 즉, 의식적 제어를 통해 신체를 자신의 것이라 여긴다는 것이다. 뇌는 과거·현재의 정보를 통합·활용하여 자신의 현재·미래의 존재를 최대한 안전하게 유지하려 한다. 이러한 뇌 활동의 결과로 자아라는 관념이 생겨나고 유지된다고 말하고 있다.

나라는 존재를 의식하게 하는 뇌 활동은 또한 실제로 완벽하지 않으며 항상 변화하는 상황에 있다. 만일 뇌가 이러한 감각 정보들을 적절히 제어하지 못하면 유체 이탈, 도플갱어 등의 느낌을 받는다. 뇌과학자 아닐 세스는 '우리가 경험하는 자아가 생각보다는 더 일시적이며 불안정하게 결합해 있다.'라고 말한다. 이는 뇌가 활동하여 예측하는 결과가 항상 완벽하지 않을 수 있다는 것과 같은 말이다.

그러므로 우리는 자아가 고정되어 있거나 고유하다고 여기는 오류를 가져서는 안 된다. 자아는 끊임없이 변화하고 있으며, 우리는 이러한 자아가 성장하고 성숙하도록 노력하여야 한다. 자아가 성장·성숙하려는 방법에는 저마다 천 개의 얼굴과 천 개의 모양이 있다. 그러나 자신의 과거를 검토하고 더 나은 미래를 위해 현재를 참고 견디어 변화를 이끌려는 의지와 노력은 언제나 필요할 것이다.

자아가 **변화**하여 **성장·성숙**하는 과정에서 드러나는 현재의 양태에는 다음과 같은 것이 있다.
첫째, **마음먹기**: 변화하겠다는 의지를 세우는 것.
둘째, **(자신에게 반복하여) 말하기**: 자신에게 자신의 의지를 반복하여 상기시키는 것.
셋째, **행동하기**: 자신이 세운 의지를 신체의 동작으로 드러내는 것.
넷째, **습관 만들기**: 의지를 드러내는 행동을 반복하는 것.
다섯째, **운명 만들기**: 습관의 결과가 만들어 내는 보다 성장·성숙한 새로운 자아를 알아차리는 것.

나의 현재는 내 과거에 존재했던 나를 둘러싼 세계(환경)와 나의 의식에 의해 만들어진다.

나의 미래는 나를 둘러싼 현재의 세계(환경)와 함께 변화의 의지를 담은 나의 의식에 의해 만들어질 것이다.

The term *self (ego)* specifically refers to the *consciousness or concept of one's own being.* Forms in which the self is expressed include *emotions, thoughts, sense of presence,* and *identity.* In fields such as philosophy, sociology, and psychology, the self is defined as *the agent of actions, or the 'I' who acts.* Research shows that the self also grows and matures through a variety of factors including genetics, the body, and environment.

In the recently advancing field of neuroscience, the self is described as a phenomenon that emerges from the *brain's systemic activities.* The brain receives information from the body's sensory organs and, during processing, perceives the body as its own. In other words, through conscious control, the brain recognizes the body as belonging to itself. It integrates and utilizes past and present information to maintain its current and future existence as safely as possible. The concept of the self is said to arise and be sustained as a result of these brain activities.

The brain activity that makes us aware of the existence of the *self* is also imperfect and constantly changing. If the brain fails to properly regulate these sensory inputs, one may experience sensations such as *out-of-body experiences* or *feeling like a doppelgänger.* Neuroscientist *Anil Seth* says, *'The self we experience is more transient and unstably assembled than we might think.'* This means that the outcomes the brain predicts through its activity are not always perfect.

Therefore, we should not fall into the error of believing that the self is fixed or inherently unchanging. The self is constantly changing, and we must strive to help this self grow and mature. There are thousands of faces and thousands of forms in the ways the self seeks growth and maturity. The will and effort to review one's past, endure the present for a better future, and lead change will always be necessary.

Here are the current manifestations revealed in the process of the self *changing, growing, and maturing*:

1. *Deciding*: Setting the will to change.
2. *Speaking (to oneself repeatedly):* Continuously reminding oneself of this will.
3. *Acting*: Expressing the determined will through physical actions.
4. *Building habits*: Repeating actions that reflect this will.
5. *Creating destiny*: Becoming aware of the new, more grown and

mature self that results from these habits.

My present is shaped by the world (environment) that surrounded me in the past and by my consciousness.

My future will be shaped by the world (environment) that surrounds me now and by my consciousness that holds the will to change.

철학자 니체
Philosopher Nietzsche

　철학자 니체는 우리가 변화되는 인생을 살아갈 것을 설파했으며, 그는 이렇게 설파함을 자신의 운명이라 여겼다. 그는 인간이 삶의 노예로 살아가는 것이 아니라, 삶의 주체로 살아가는 것이 중요하다고 말했다. 그는 의무에 대한 복종자로서 살기보다 가치 정립의 주체로 사는 것이 진정한 삶의 방식이라 보았다. 그에게 진정한 **자유의지**란 필연적인 삶을 만들고 그 필연의 주인으로 살겠다는 의지를 의미한다. 그리고 훗날 니체는 바로 이것을 '**권력에의 의지**'라고 이름 지었다.

　자유의지는 인생의 인고와 결핍을 견디고, 오히려 이 때문에 내적인 힘을 발휘하게 만든다. 이러한 힘은 결국 삶의 위대성을 실증해 나가는 것이다. 자유의지는 어렵고 힘든 상황을 바꿀 수 있는 의지를 키우고 이를 능동적으로 받아들이게 한다. 그가 주창한 **초인 사상**은 단순한 삶에 대한 의지가 아니라 더 나은 삶을 추구하고 이를 위해 끊임없이 노력하려는 의지를 담고 있는 사상이다.

　오늘날 '자유'는 오늘(만)을 위해서 살고 신속하게 살며 극히 무책임하게 산다는 것을 포함하고 있다. 오늘날 자유는 또한 **막연한 희망**의 커튼 뒤에 숨어 있기도 하다. 인간에게 막연한 희망이란 극복하려는 의지가 하나도 없는 참으로 재앙 중의 재앙이다. 인간에게 '막연한 희망'이란 인간의 괴로움을 연장할 뿐이다.

또한 우리는 망상적 이상주의자가 아니라 **현실적 이상주의자**가 되어야 한다. 망상적 이상주의자는 마치 지구에 살면서 중력 법칙에 반하여 공중 부양을 바라며 이를 상상하고만 있는 자와 같다. 현실적 이상주의자는 지구에 살면서 더 먼 곳을 볼 수 있는 나무에 올라가기 위해 자신의 힘과 도구를 늘 새롭게 만드는 자 그리고 더 먼 곳으로 가려고 노력하고 행동하는 자이다.

인간이 현명하게 생각하면 할수록 얼굴뿐만 아니라 육체에도 현명한 외관이 깃들게 된다. 즉, 도인에게는 도인다운 기운을 느낄 수 있다는 말과 같다. 또한 현명한 사람은 자신의 현재 행복에 매몰되거나 타인의 불행을 두고 즐거워하지 않는다. 타인의 불행을 기뻐하는 마음은 오히려 자신에게 걱정·질투·고통이 있음을 보이는 것이나 다름없다.

가치 있는 인생이란 과거보다 현재에, 현재보다는 미래에 보다 가벼워지는 마음을 느끼는 인생이다. 삶에 대한 고민, 염려, 걱정 등으로 무거워진 마음이 지배했던 과거의 심적 상태를 벗어나면, 삶에 대한 즐거움, 기쁨, 가치 등이 커져서 가벼워진 마음으로 채워진 현재의 심적 상태를 맞을 수 있다. 이는 과거에는 무거웠으나 지금은 가벼워진 마음을, 무거운 삶을 극복하면서 가벼워진 마음을 느끼는 인생을 말한다. 살펴보면, 누구에게나 무거운 삶이 존재한다. 그러나 누구나 무거운 삶을 극복할 수 있으며, 누구나 가벼워진 삶을 살 수 있다. 가벼워지는 삶을 살기 위해서는 삶을 변화시키고 극복해야 하며 지식과 예술의 도움을 받아야 한다.

Philosopher Nietzsche taught that we should live a life of change, and he regarded this teaching as his own destiny. He emphasized the importance of living not as slaves of life but as masters of life. He believed that true living is not about obeying duties, but about being the subject who establishes values. To him, true *free will* meant the will to create a necessary life and to live as the master of that necessity. Later, Nietzsche named this the '*will to power.*'

Free will endures the hardships and deficiencies of life, and rather because of these challenges, it enables the emergence of inner strength. This strength ultimately manifests the greatness of life. Free will cultivates the will to transform difficult and challenging situations and encourages an active acceptance of them. Nietzsche's *concept of the Übermensch (Overman)* is not simply a will to live, but a philosophy that embodies the will to pursue a better life and to continuously strive for it.

Today, the concept of 'freedom' often includes living only for the moment, living quickly, and sometimes living with extreme irresponsibility. Today's freedom can also hide behind a curtain of *vague hope*. For humans, *vague hope* is truly the worst of disasters because it lacks any will to overcome. *For humans, vague hope only prolongs suffering.*

We must also become *realistic idealists* rather than *delusional idealists*. A *delusional idealist* is like someone living on Earth who wishes to defy the law of gravity by floating in the air and only imagines doing so. A *realistic idealist* is someone who lives on Earth but continuously renews their strength and tools to climb a tree to see farther, and who strives and acts to go further.

The wiser a person thinks, the more they come to reflect wisdom not only in their face but also in their physical appearance. In other words, one would be able to sense an aura befitting a sage in a true sage. A wise person also does not become absorbed in their own happiness, nor do they take pleasure in the misfortunes of others. To find joy in someone else's misfortune is, in fact, a reflection of one's own worries, jealousy, and inner pain.

A valuable life is one in which the heart feels lighter in the present than in the past, and lighter still in the future than in the present. When we free ourselves from the heavy mental states of the past—filled with worries, anxieties, and concerns about life—we can embrace the present with a lighter heart, filled with joy, pleasure, and meaning. This describes a life where the heart that was once heavy becomes lighter by overcoming the burdens of a difficult life. If we look closely, everyone experiences heavy burdens in life. However, everyone can overcome those burdens and live a lighter life. *To live a lighter life, we must change and overcome life's challenges with the help of knowledge and art.*

할비(할아버지) 생각
Grandfather's Thoughts

인생에 대한 도전, 책임, 가치를 고민할 수 있으려면
첫째, 먹고사는 데 필요한 경제적 활동을 하라.
둘째, 바른 생각, 판단 등 자유로운 사고를 표현할 수 있는 언어능력을 가져라.
셋째, 다양한 문화적 교류를 경험하라.

만들어진 나보다 만들어 가는 나를 사랑하라.

To reflect on life's challenges, responsibilities, and values,
First, engage in economic activities necessary for making a living.
Second, develop language skills that allow you to express free thinking, such as sound judgment and clear ideas.
Third, experience diverse cultural exchanges.

Love the self you are creating more than the one that was created.

12

인생은 긍정과 극복의 순환열차

Life is a circular train of positivity and overcoming

소크라테스: 고대 그리스 철학자
(기원전 470년 ~ 기원전 399년)

Socrates: Ancient Greek philosopher (470 BC ~ 399 BC)

- 너 자신을 알라.

- 더 나은 삶을 계속 찾는 것이 최고의 삶을 사는 것이다.

- 아무것도 모르는 것이 수치가 아니라, 아무것도 배우지 않으려 하는 것이 수치다.

- 당신의 모든 말과 행동을 찬양하는 사람을 신뢰하지 말고, 당신의 실수를 나무라는 사람을 신뢰하라.

- 어려서는 겸손해지도록 하고, 젊어서는 온화해지도록 하며, 장년에는 공정해지도록 하고, 늙어서는 신중해지도록 하라.

- 진정한 지혜란 우리가 우리의 삶과 우리 자신 그리고 우리의 주변 세상에 대해 잘 알지 못한다는 것을 깨닫게 되었을 때 찾아오는 것이다.

- Know yourself.

- Continuously seeking a better life is living the best life.

- It is not a shame to know nothing; the shame is in not wanting to learn anything.

- Do not trust the one who praises all your words and actions; trust the one who points out your mistakes.

- Be humble when growing, gentle when young, fair when middle age, and prudent when old.

- True wisdom comes when we realize how little we truly know about our lives, ourselves, and the world around us.

플라톤: 고대 그리스 철학자
(기원전 427년 ~ 기원전 347년)

Plato: Ancient Greek philosopher (427 BC ~ 347 BC)

- 탁월함은 재능이 아니라 연습으로 얻어지는 기술이다.

- 작은 일을 잘 완수하는 것이 불완전하게 많은 일을 하는 것보다 낫다.

- 현실은 정신에 의해 창조되며, 우리의 마음을 바꿈으로써 현실을 바꿀 수 있다.

- 사람에게 있어서 가장 고귀하고 중요한 승리는 바로 자기 자신을 이기는 것이다.

- 현명한 사람들은 할 말이 있기에 말하지만, 어리석은 사람들은 아무 말이라도 해야 한다고 생각하기에 말한다.

- 영웅은 100명 중에 태어나고, 지혜로운 사람은 1,000명 중에 발견되지만, 완성된 사람은 수십만 명 중에서 결코 발견되지 않을 수도 있다.

- Excellence is not a talent, but a skill acquired through practice.

- It is better to do a small task well than to do many poorly.

- Reality is created by the mind, and by changing our mind, we can change reality.

- The noblest and most important victory for a person is the victory over oneself.

- Wise people speak because they have something to say, while foolish people speak because they feel the need to say something.

- A hero is born among a hundred, a wise person is found among a thousand, but a complete person may never be found even among hundreds of thousands.

아리스토텔레스: 고대 그리스 철학자
(기원전 384년 ~ 기원전 322년)

Aristotle: Ancient Greek philosopher (384 BC ~ 322 BC)

- 교육은 노후를 위한 최고의 양식(준비물)이다.

- 사람은 세 가지를 통해 선하고 훌륭해지는데, 그 세 가지란 본성, 습관, 그리고 이성이다.

- (과도한) 육체노동은 정신을 저해하고, (과도한) 정신노동은 육체를 저해한다.

- 동이 트기 전에 일어나는 것은 좋다. 그런 습관들은 건강과 부와 지혜에 이바지하기 때문이다.

- 지혜는 단순히 안다고 해서 되는 것이 아니라 아는 것을 실천할 때 비로소 지혜로운 사람이 될 수 있다.

- 사람은 끊임없이 어떤 방식으로 행동함으로써 특정한 자질을 습득한다. 올바른 행동을 하면 올바른 사람이 되고, 절도 있는 행동을 하면 절도

있는 사람이 되며, 용감한 행동을 하면 용감한 사람이 된다.

- Education is the best provision for the journey to old age.

- A person becomes good and virtuous through three things: nature, habit, and reason.

- (Excessive) physical labor impairs the mind, and (excessive) mental labor impairs the body.

- Waking up before dawn is beneficial, as such habits contribute to health, wealth, and wisdom.

- Wisdom is not simply about knowing; we truly become wise when we put what we know into practice.

- A person constantly acquires specific qualities by acting in certain ways. By acting rightly, one becomes a righteous person; by acting with self-control, one becomes a self-disciplined person; and by acting bravely, one becomes a courageous person.

공자: 고대 중국 철학자, 유교 창시자
(기원전 551년 ~ 기원전 479년)

Confucius: Ancient Chinese philosopher, founder of Confucianism
(551 BC ~ 479 BC)

- 배우기만 하고 생각하지 않으면 얻는 것이 없고, 생각만 하고 배우지 않으면 위태롭다.

- 느리게 성장한다고 걱정하지 말고, 오직 (성장이) 멈춰서 있는 것을 두려워하라.

- 나는 지식을 가지고 태어난 사람이 아니다. 그저 지식을 좋아해 탐구해 온 사람이다.

- 가장 위대한 영광은 한 번도 실패하지 않음이 아니라 실패할 때마다 다시 일어서는 데 있다.

- 실수를 부끄러워하지 말라. 실수를 부끄러워하면 그것이 죄가 되느니라.

- 남이 나를 알아주지 않는 것을 걱정하지 말고, 내가 남을 알지 못하는

것을 걱정하라.

- If you only learn without thinking, you will gain nothing; if you only think without learning, you will be in danger.

- Do not worry about developing slowly; only fear standing still (without developing).

- I was not born with knowledge; I am simply someone who loves knowledge and has pursued it.

- The greatest glory is not in never failing, but in rising every time we fall.

- Do not be ashamed of making mistakes. If you are ashamed of them, that in itself becomes a fault.

- Do not worry about others not recognizing you; worry about not being able to recognize others.

석가모니: 고대 인도 철학자, 불교 창시자
(기원전 563년 ~ 기원전 483년)

Gautama Buddha: Ancient Indian philosopher, founder of Buddhism
(563 BC ~ 483 BC)

- 단단한 바위가 바람에 흔들리지 않듯이 현명한 사람은 칭찬이나 비난에 흔들리지 않는다.

- 태산 같은 자신감을 갖도록하고 굽은 풀처럼 자신을 낮추어라.

- 쇠녹은 쇠에서 생기지만 차차 그 쇠를 먹어버린다. 이와 마찬가지로 그 마음이 옳지 못하면, 그 옳지 못한 마음이 그 사람 자신을 먹어버리게 된다.

- 거짓말을 하면 진실의 공덕을 잃게 된다. 거짓말을 하는 사람의 입안에는 독사가 있고, 칼도 자리 잡고 있으며, 불꽃도 타오른다.

- 타인과의 삶을 비교하지 말라. 해와 달은 서로 비교하는 법이 없다. 그들은 단지 그들의 시간대에서 빛나고 있을 뿐이다.

- 우리의 인생을 방해하는 두 가지가 있다. 하나는 어느 것도 끝내지 않는 것이고, 다른 하나는 어느 것도 시작하지 않는 것이다.

- 인생이 견딜 수 없을 만큼 힘들고 고통스러울 때는, 인생이 나에게 무언가를 가르치려고 하는 것이다.

- Just as a solid rock is not shaken by the wind, a wise person is not swayed by praise or criticism.

- Have the confidence of a mountain, but humble yourself like a bending reed.

- Rust forms on iron but gradually consumes it. Similarly, if the mind is not right, that wrong mind will eventually consume the person themselves.

- When you lie, you lose the merit of truth. In the mouth of a liar, there are venomous snakes, swords, and blazing flames.

- Do not compare your life with others. The sun and the moon never compare themselves; they simply shine in their own time.

- There are two things that hinder our lives: one is never finishing anything, and the other is never starting anything.

- When life becomes unbearably difficult and painful, it is life trying to teach you something.

탈무드: 유대교 경전
Talmud: Jewish Scriptures

- 반성하는 자가 서 있는 땅은 가장 훌륭한 성자가 서 있는 땅보다 거룩하다.

- 당신이 남들에게 범한 작은 잘못은 크게 보고, 남들이 당신에게 범한 큰 잘못은 작게 보라.

- 거짓말쟁이에게 주어지는 최대의 벌은 그가 진실을 말했을 때도 사람들이 그를 믿지 않는 것이다.

- 슬기로운 자와 벗하면 자연히 현명해지고, 어리석은 자와 벗하면 기필코 해를 입는다.

- 책을 읽고 깊이 있게 생각하지 않는다면, 당나귀가 책을 싣고 길을 걷는 것과 다를 바 없다.

- 가장 좋은 스승은 지식을 아낌없이 주는 사람이고, 가장 훌륭한 자식은

부모님의 마음을 상하지 않게 하는 사람이다.

- 세상에서 그 무엇과도 바꿀 수 없는 것이 있다면, 그것은 젊어서 결혼하여 함께 고생했던 늙은 아내(남편)이다.

- The ground on which a person reflects is more sacred than the ground on which the greatest saint stands.

- See the small wrongs you have done to others as great, and see the great wrongs others have done to you as small.

- The greatest punishment for a liar is that even when he tells the truth, no one believes him.

- If you befriend the wise, you will naturally grow wise; if you befriend the foolish, you will surely suffer harm.

- If you read books without deep thought, you are no different from a donkey carrying books on its back and walking down the road.

- The best teacher is the one who shares knowledge generously, and the most admirable child is the one who never hurts their parents' hearts.

- If there is something in this world that can never be replaced, it is the old spouse who married young and endured hardships together.

법구경: 불교 경전
(기원전 200년?)

Dharmatrata: Buddhist texts (200 BC?)

- 나야말로 내가 의지할 곳이다. 나를 제쳐놓고 내가 의지할 곳은 없다. 착실한 나의 힘보다 더 나은 것은 없다.

- 게으른 무리 중에서 부지런하고, 잠든 사람 가운데서 깨어 있는 현자는 빨리 뛰는 말이 느린 말을 앞지르듯이 앞으로 앞으로 나아간다.

- 다른 사람이 참을 수 없는 것을 참아내야만 비로소 다른 사람이 할 수 없는 것을 할 수 있을 것이다.

- 열 명의 자식을 기르는 어머니(아버지)가 있는가 하면, 한 명의 어머니(아버지)를 돌보지 않는 열 명의 자식이 있다.

- 원수가 하는 일이 어떻다 해도, 적이 하는 일이 어떻다 해도, 거짓으로 향하는 내 마음이 내게 짓는 해악보다는 못하다.

- 젊었을 때는 인생이 무척 긴 것으로 생각됐으나, 늙은 뒤에는 살아온

젊은 날이 얼마나 짧았던가를 깨닫는다. 젊음은 두 번 다시 오지 아니하며 세월은 그대를 기다려주지 아니한다.

- 모든 일에는 마음이 근본이며, 모든 것은 마음에서 나와 마음으로 이루어진다. 맑고 순수한 마음으로 말하고 행동하면, 그림자가 주인을 따르듯이 즐거움이 그를 따른다.

- 부지런함은 생명의 길이요, 게으름은 죽음의 길이다. 부지런한 사람은 죽지 않지만, 게으른 사람은 죽은 것과 마찬가지다.

- 순진한 사람을 속이고, 깨끗하고 때 묻지 않은 이를 해친다면 악은 도리어 어리석은 자에게 돌아간다. 마치 (불어 오는) 바람을 향해 던진 먼지처럼.

- 남을 가르치듯 스스로 행한다면, 그 자신을 잘 다룰 수 있고 남도 잘 다스리게 될 것이다. 자신을 다루기란 참으로 어렵다.

- I am my own refuge; there is no refuge for me but myself. There is nothing better than the strength of my own diligence.

- Among the lazy, the diligent one, and among the sleeping, the awakened sage moves forward—just as a swift horse outpaces a slow one.

- Only by enduring what others cannot endure will you be able to achieve what others cannot achieve.

- There are mothers (or fathers) who raise ten children, while there are ten children who do not care for a single mother (or father).

- No matter what an enemy does, no matter what the foe does, the harm caused by my own heart, if it turns toward falsehood, is worse than anything they can do to me.

- In youth, life seems to stretch on endlessly, but in old age, you realize how short the days of youth truly were. Youth never comes again, and time does not wait for you.

- In everything, the mind is the foundation, and everything arises from and is shaped by the mind. When you speak and act with a clear and pure heart, joy will follow you, just as a shadow follows its owner.

- Diligence is the path of life, while laziness is the path of death. A diligent person does not die, but a lazy person is as good as dead.

- If you deceive an innocent person and harm someone pure and untarnished, the evil will ultimately return to the fool, like dust thrown against the wind (returning to the person throwing it).

- If you act as if teaching others, you will be able to manage yourself well and also govern others effectively. Managing oneself is truly difficult.

명심보감: 한국 고대 명언집 (1305년)
Myeongsimbogam: Korea Old Cultural Book (1305)

- 배움은 나이를 가리지 않는다.

- 가장 큰 재산은 올바른 인격이다.

- 행동은 마음에서 시작된다.

- 아는 것과 행하는 것은 다르다.

- 노력은 절대 배신하지 않는다.

- 어려움 속에서 자신을 시험하라.

- 도리가 아닌 재물을 멀리하고, 정도에 지나친 술을 경계하며, 이웃을 가려서 살고, 친구를 가려서 사귀어라.

- 질투가 나에게 일어나지 말게 하고, 중상모략하는 말을 하지 말며, 가

난한 동기간을 소홀히 하지 말고, 남이 부자라고 후하게 대하지 마라.

- 극기는 부지런함과 검소함을 우선으로 하고, 사람을 사랑하는 것은 겸손함과 사이좋게 지냄을 으뜸으로 하라.

- Learning has no age limit.

- The greatest wealth is a righteous character.

- Actions begin in the mind.

- Knowing and doing are two different things.

- Effort never betrays.

- Test yourself in times of difficulty.

- Avoid wealth that comes through wrong means, be cautious of excessive drinking, live wisely by choosing your neighbors, and carefully select your friends.

- Do not let jealousy arise within you, refrain from speaking slanderous words, do not neglect your poor siblings, and do not treat the rich with undue favor.

- In self-control, prioritize diligence and frugality; in loving people, prioritize humility and getting along well.